Birgit Maria Niedner

von FRAU zu FRAU

Metatron, Maria, Sananda, Hilarion…

Bitte fordern Sie unser kostenloses Verlagsver-
zeichnis an:

Smaragd Verlag
In der Steubach 1
57614 Woldert (Ww.)
Tel.: 02684.97848-10
Fax: 02684.97848-20
E-Mail: info@smaragd-verlag.de
www.smaragd-verlag.de

Oder besuchen Sie uns im Internet unter der
obigen Adresse.

© Smaragd Verlag, 57614 Woldert (Ww.)
Deutsche Erstausgabe Januar 2012
© Cover: © konradbak - Fotolia.com
Umschlaggestaltung: preData
Satz: preData
Printed in Czech Republic
ISBN 978-3-941363-53-3

Birgit Maria Niedner

von FRAU zu FRAU

Metatron, Maria, Sananda, Hilarion...

Smaragd Verlag

Über die Autorin

 Birgit Maria Niedner vermittelt durch ihre liebevolle Art das oft schwierige Thema, eine Frau in der heutigen Zeit zu sein, in leichter Weise. Ganz gezielt wurde sie als Kanal für diese Texte ausgewählt, denn sie ist Frau und zugleich auf ihrem spirituellen Weg – beides mit Freude und Leidenschaft.

www.mangata.de
kontakt@mangata.de

Inhalt

Vorwort von Metatron

Meine geliebten Menschen, jene, die ihr als Frauen inkarniert habt, zu euch sprechen wir in diesem Buch. Ich, Metatron, halte meine Hand über dieses Projekt, diese Texte. Es ist ein Buch für euch, um es euch zu erleichtern, diesen Weg zu gehen, den ihr für euch gewählt habt.

Auch unser Kanal ist hier auf Erden als Frau unterwegs, und obwohl wissend, dass sie beides ist, Mann und Frau zugleich, ist sie im Körper einer Frau, ist weiblich, sieht weiblich aus, ist Frau, Mutter, Tochter, Tante, Oma, Ehefrau usw.

Worauf ich gleich zu Beginn hinaus will ist: Nichts hindert dich an deinem spirituellen Weg, kein Muttersein, kein Ich-bin-Oma, Ich-bin-Ehefrau, Partnerin, Freundin, oder was auch immer. Vielmehr ist es notwendig, dass du genau das auch bist. Denn du bist hier auf der Erde, um zu lernen, zu verstehen und zu begreifen. Und du sollst diesen deinen Weg des Aufstiegs gehen, WÄHREND du alle diese deine Aufgaben wahrnimmst. Es ist nicht Ziel, alles hinter sich zu lassen, in die Einsamkeit, das Eremitentum zu gehen, um dann erst fähig zu sein, seinen spirituellen Aufstieg zu bewältigen. Nein. Wir tun das hier, jetzt, in unserem Leben, in unserem Alltag.

Dieses Buch soll dich unterstützen, dich begleiten, dir mit Rat zur Seite stehen, damit du verstehst, dass es tatsächlich möglich ist, genau JETZT das zu leben, was göttliche Weisheit ausmacht. Du, die Frau hier auf Erden.

In diesem Sinne wünsche ich dir vor allen Dingen Freude mit diesen Texten.

Der Vater selbst hat bestimmt, wer für welchen Text zuständig sein wird, damit das Beste dabei für dich zutage tritt.

Herzlichst und in Freude,
Metatron

Vorwort von Birgit Maria Niedner

Liebe Frauen, alle, die ihr wie ich als weibliches Wesen auf dieser Welt unterwegs seid: Ich freue mich außerordentlich über dieses Buch, und mein Herz sagte sofort Ja, als der Wunsch an mich herangetragen wurde, es zu schreiben. Es ist ein Thema, das mich sehr berührt, und schon lange habe ich das Gefühl, dass die Zeit dafür reif ist.

Dass nun ich „ausgewählt" wurde, der Kanal hierfür zu sein, macht mich dankbar. In Demut empfange ich die Texte und gebe sie euch in schriftlicher Form weiter.

Jede von uns weiß, dass es nicht immer leicht ist, Frau zu sein. Aber wir wissen auch alle, wir lernen viel dabei. Frau sein hat eine Kraft in sich, die – wenn man sie erst einmal erkannt hat – uns eine Anmut verleiht und uns erstrahlen lässt. Dieses Strahlen, dieses Leuchten von innen heraus, das ist unser Ziel. Denn es bedeutet, dass wir diese „Anmut" in uns wiederentdeckt haben, wir uns also von innen heraus als strahlend und schön empfinden können. Wenn wir das leben können, dann sind wir Demut, dann leben wir bedingungslose Liebe. Denn bedingungslose Liebe bedeutet nichts anderes, als sich selbst zu leben.

Sich selbst zu leben bedeutet wiederum nichts anderes als:

Ich höre auf mein Herz, zu jeder Zeit, immerzu, zu jeder Sekunde, mein Leben lang.

Birgit Maria Niedner

ICH, die FRAU

Wer bin ich? (Hermes Trismegistos)

Ihr Geliebten, – Frauen, Mädchen, Mütter, Töchter, Omas, Tanten, Cousinen, Freundinnen, Arbeitskolleginnen, – was auch immer ihr seid, ihr seid FRAU, ihr seid weiblich, ihr seid in einem weiblichen Körper. Das macht euch aus. Das ist das Erste, was man registriert und was euch als Grundstock mit in diese Inkarnation gegeben wurde.

Hier auf dieser Erde, wo es als erste Unterscheidung nur eine gibt, nämlich ob du weiblich oder männlich bist, hier auf diesem deinem Weg gehst du als Frau. Warum? Dazu kommen wir später. Denn das Warum ist eine ganz wichtige Frage, und es beantwortet dir einige deiner anderen Fragen, die du vielleicht hast.

Aber nun noch einmal zu der Frage „Wer bin ich?" Du bist eine Frau. Ganz klassisch, mit menschlichem Auge betrachtet, heißt das, du hast Brüste – kleinere oder auch größere, du hast weibliche Formen – vielleicht ein runderes Becken, du hast eine andere Haut als ein Mann, ein anderes Gewebe. Du hast weibliche Züge in deinem Gesicht. Du hast andere Bewegungsmöglichkeiten und auch -arten, um durch diese Welt zu schreiten. Du bist anders, du bewegst dich anders, du schaust anders, du flirtest anders, deine Stimme ist anders, dein Habitus ist anders, dein Sitzen, dein Stehen, dein Agieren ist anders – als bei einem Mann.

Seid euch klar, dass auch dieses sich in seinem Ausdruck verschieben kann. Das heißt, es kann durchaus sein, dass eine Frau mit sehr männlichen Attitüden daherkommt, oder dass ein Mann sehr weiblich erscheint. Aber wir reden hier von dir, der Frau.

Was auch immer du dir an Aussehen, Bewegungen oder Vorgehensweisen zugelegt hast, welche auch immer du „mitgebracht" hast, du bist eine Frau. Das Spannende hierbei ist: Du kannst nicht raus. Du kannst nicht wechseln, um plötzlich doch als Mann durch dein Leben zu gehen. Du kannst nicht plötzlich anders entscheiden. Nein. Du bist Frau, und du bleibst Frau, bis du diese Erde wieder verlässt.

Alles Mögliche kannst du ändern. Du kannst zum Beispiel deine Verhaltensweisen ändern. Ja, das kannst du. Selbst wenn es Verhaltensweisen sind, die eindeutig einer Frau zugeordnet werden. Du kannst auch dein Aussehen verändern. Du kannst deine Sprache üben, sodass auch sie sich verändert. Aber, was du nicht kannst ist, dein Frausein verändern. Sollte hier jemand anmerken wollen, dass das sehr wohl geht, zum Beispiel in Form von Hormonzugaben, Operationen usw., möchte ich anmerken, dass das nicht im Sinne der vorgeburtlichen Vision stand. Wir reden hier vom Optimum der vorgeburtlichen Planung! Selbstverständlich gibt es immer einen „Plan B" oder auch „Plan C". Denn solltest du aus bestimmten Gründen wie Angst oder zu wenig Mut geplante Lernschritte nicht vollziehen können, wirst du andere Wege gehen, so auch zum Beispiel jenen der Umwandlung zu einem Mann. Der Wille des Menschen ist unantastbar. Und somit kann natürlich auch hier verändert werden. Dazu jedoch in einem anderen Kapitel mehr.

Wir gehen in diesem Buch jedoch davon aus, dass du Frau bist und Frau bleibst, bis du an den Punkt kommst, diese Erde wieder zu verlassen.

Ich möchte hier noch einmal anmerken, dass es dir jederzeit möglich ist, dein Innerstes zu verändern. Du kannst dein Gefühl für die Welt ändern, dein Reagieren auf Situationen, dein Empfinden für Dinge, die geschehen. Du kannst an deinen Emotionen arbeiten. Du kannst dir erarbeiten, das Männliche und das Weibliche in dir gleich präsent sein zu lassen. Aber du wirst niemals im Aussehen „androgyn" werden, wie sehr auch immer du an und mit dir arbeitest. Du bist Frau, und du bleibst Frau. Und so ist es auch gewollt.

Hermes Trismegistos

Die vorgeburtliche Vision I (Hilarion)

Du, die unsterbliche Seele, die du bist, hast entschieden. Du, als die Seele, die du bist, hast, bevor du in diese Inkarnation gegangen bist, entschieden. Vieles, vieles hast du entschieden, dem angemessen, was du lernen, begreifen, verstehen möchtest. Es ist zugleich ein Rückschau halten mit allem, was du bereits erlernt hast, das, was du bereits fähig bist zu leben, und eine Neudefinition dessen, was jetzt für dich ansteht.

Dabei kannst du dir durchaus Rat holen, jemanden bitten, dich dabei zu unterstützen, was du sicher bereits getan hast.

Was gibt es zu entscheiden? Vieles.

Als Erstes hast du entschieden, ob du Mann oder Frau sein wirst in dieser Inkarnation. Das ist ein wichtiger Punkt, denn es ist die Grundvoraussetzung für dein irdisches Leben.

Wie gesagt, die Grundlage deiner Entscheidungen beruht darauf, was du fähig warst, dir bereits zu erarbeiten. Und wir reden immer von den Dingen, die du fähig warst zu leben, nicht von jenen, die du mit deinem Denken verstanden hast und so in geschickter Weise verbal vortragen konntest. Nein. Wir reden darüber, was du umsetzen, in deinem Alltag leben konntest.

Die Rückschau ist immer ehrlich. Hier bist du an einem Punkt, an dem der Schleier sich hebt und du wissend bist. Und somit bist du auch wissend darüber, wo du ehrlich zu dir selbst warst, oder wo du dich selbst vielleicht ein bisschen beschummelt hast, also etwas gelebt hast, das dir bereits als bedingungslose Liebe erschien, es aber nicht war.

Du entscheidest also, was du in dieser deiner nächsten Inkarnation für Themen angehen, was du lernen, ins Verstehen bringen möchtest. Und das, was du dafür brauchst, ist nichts weniger als die bestmögliche Voraussetzung.

Bist du Frau oder Mann? Ah, du bist also Frau. Wie wirst du aussehen? Groß oder klein? Dünn oder rundlich? Gedrungen? Mehr männliche Anteile oder weibliche? Muskulös oder zart und zerbrechlich? Eine tiefe Stimme? Ein körperliches Leiden? Eine Sehschwäche? Und so weiter und so weiter.

Du brauchst dies alles, um zu definieren, womit du dich auseinandersetzen möchtest.

Es kann sein, dass du wunderschön sein wirst, mit blondem langem Haar, mit Brüsten, die jedem Mann begehrenswert erscheinen, mit Rundungen, die in jedem männlichen Wesen den Instinkt des Gebärens hervorrufen, sozusagen als

„potenzielle Mutter". Du aber möchtest lernen, dass du nicht nur ein begehrenswertes Objekt bist, sondern Wert hast, dass DU, deine Seele, deine Art, dein Wesen liebenswert ist, nicht dein Körper. Dann hast du dir, wenn wir bei diesem Beispiel bleiben, einen nicht ganz leichten Weg ausgesucht, aber wohl genau den, der dich zum Verstehen bringen kann.

Dein Körper ist wichtig. Vergiss nie: Er ist das Optimum, das Bestmögliche dafür, was du dir vorgenommen hast, und bietet dir die besten Voraussetzungen, um genau mit den Themen konfrontiert zu werden, die dich berühren sollen, damit du in die Aktivität gehen kannst. Dein Optimum fordert dich immer wieder heraus! Und genau dafür ist es das, was es ist: das Beste.

Ich wiederhole deshalb immer wieder diesen wichtigen Punkt, damit du begreifst, dass du aufhören musst, erst einmal damit zu hadern, dass du Frau bist. Du bist es, weil DU es gewählt hast. Und du bist es, weil es für dich die besten Voraussetzungen bietet, das zu lernen, was DU lernen möchtest.

Selbst wenn du damit haderst, dir vielleicht denkst, ein Mann hätte es leichter, ICH sage dir, dass es nicht so wäre in deinem Fall. DU hättest es nicht leichter. Warum? Weil wir hier von DEI-

NEM Weg reden, von DEINEM Lernprozess. Und dafür brauchst du nun einmal DEINE optimalen Voraussetzungen für diese deine Inkarnation.

Hilarion

„Die Frau" in der Definition der Menschen (Sananda)

Selbstverständlich gibt es ein bestimmtes Bild einer perfekten Frau in eurer Gesellschaft. Es variiert natürlich hier und da, je nach Region, Ortschaft oder auch großer Stadt, je nach Land oder auch nach anderen Gegebenheiten, zum Beispiel nach Bildungsstand.

Grundsätzlich jedoch besteht eine Art „Vorstellung" davon, wie eine Frau zu sein hat. Ihr wisst selbst, dass es genau um die Dinge geht, über die ihr immer wieder stolpert. Es geht darum, dass ihr genau diese Ansprüche an euch stellt. Was ist es denn nun, worüber wir hier reden?

Die Frau – sie sollte möglichst hübsch sein, hilfsbereit. Sie soll zuhören können. Sie stellt sich hinten an, denn hat der Mann, das Kind, die Mutter oder wer auch immer ein Problem, ist die Frau zur Stelle. Sie organisiert das Zuhause und ist für die Erziehung zuständig. Sie managt das Geschehen der Familie, ist liebenswürdig, guter Laune und gleicht aus, wo es notwendig ist. Und das sind nur einige der Dinge, die von dir als Frau erwartet werden.

Wir reden also von Erwartung. Und Erwartung erzeugt Druck, wenn du – die Frau – dem nichts entgegensetzt.

Es ist nicht leicht, diesem Bild zu entweichen, sich also anders zu benehmen als erwartet. Ihr werdet schnell eingeordnet in ein Bild des Egoismus, ein Bild, wo es heißt, du, die Frau, würde sich nicht mehr so um ihr Umfeld kümmern.

Hier stellt sich die Frage: Ist es denn notwendig, sich genau diesen „Rollen" anzupassen, also das zu leben, was gewünscht ist? Ist es notwendig, dass du in den Augen der anderen „perfekt" bist? Oder ist es dir erlaubt, das zu leben, was DU wünschst?

Die meisten lieben es, wenn sich die anderen Menschen einfügen, nicht aus der Reihe fallen. Eine Frau, die „funktioniert", gilt automatisch als liebenswert, ist „die perfekte Ehefrau", „die perfekte Tochter", „die perfekte Mutter" usw.

Vorab sei also hier klargestellt, was für ein Bild dir zugedacht ist, was man von dir erwartet, und … was du möglicherweise auch bis jetzt perfekt gelebt hast, ohne darüber nachzudenken. Denn es gilt als „normal".

Fühle einmal, was du lebst, wie du bist, wie du als Frau agierst. Hast du immer wieder das Bedürfnis, „perfekt" sein zu wollen? Ertappst du dich dabei, dass du in den Augen der anderen

Menschen gut dastehen möchtest in deiner Rolle als Frau? Schau es dir an. Was du für Möglichkeiten hast, dazu kommen wir später. Schau es dir jetzt einfach etwas genauer an.

Sananda

Die vorgeburtliche Vision II (Metatron)

Liebes, natürlich gibt es noch vieles zu sagen zu deiner vorgeburtlichen Vision. An dieser Stelle möchten wir jedoch nur das ansprechen, was für dich zum Begreifen deines Frauseins vonnöten ist.

Du hast also das Optimum für dich gewählt. Dieses beinhaltet nicht nur die Dinge, die dir vermutlich als Erstes einfallen, sondern viel mehr Details, „Kleinigkeiten", als du vielleicht vermutest. Das ist wichtig zu wissen, denn es zeigt dir zugleich, dass es vollkommen in Ordnung ist, wenn du dein „großes" Ziel, das, was du erreichen, lernen, verstehen wolltest, nicht auf direktem Weg erreichen kannst.

Der direkte Weg, bei dem du dein Ziel klar vor Augen hast, das Ziel sehen kannst, es niemals aus den Augen verlieren wirst und du so direkt und ohne Umwege darauf zugehen wirst, … dieser Weg wird so gut wie nie gegangen. Auch hier gibt es natürlich Ausnahmen, und vor allen Dingen ist die letzte Inkarnation jene, in der du all das umsetzen wirst, was angedacht ist. Aber es ist nun einmal so, dass die meisten Menschen nicht alles innerhalb einer Inkarnation erlernen, was sie sich vorgenommen haben.

Hadere nicht mit dir, wenn es dir nicht sofort gelingt, etwas umzusetzen. Dafür gibt es Unmengen an Details, an Wenns und Abers in deiner vorgeburtlichen Vision. Ein Beispiel:

Solltest du dir vorgenommen haben – in Absprache mit einer anderen Seele –, diese als deine große Liebe zu treffen, mit ihr eine wundervolle Zeit der Gemeinsamkeit zu verbringen, kann es sein, dass du zuerst andere Dinge erlernst, sie verstehst, begreifst und fähig bist, sie zu leben. Dein vorgeburtlicher Plan definiert, dass du dafür cirka 40 – 45 Jahre benötigen wirst. Das heißt, wenn du alles umsetzen, erlernen kannst, was du dir vorgenommen hast, wirst du diesem Menschen nach dieser Zeit begegnen, und du wirst, wenn es „nach Plan läuft", mit ihm eine traumhaft schöne Beziehung führen können.

Aber ... du weißt ja nicht mehr, was du alles definiert hast für diese deine Inkarnation. Du erinnerst dich ja nicht bewusst, zumindest ist dir nicht alles klar. So kann es sein, dass du diese Person erst treffen kannst, wenn du bereits achtzig Jahre alt bist, oder aber ihr trefft euch überhaupt nicht in dieser Inkarnation. Und selbst wenn du deine Lernschritte gegangen bist, „fleißig" warst und all das zum Verstehen gebracht hast, was du dir vorgenommen hast, darfst du nicht übersehen, dass dies für die andere Seele auch gilt.

Auch sie hat ihren vorgeburtlichen Plan, auch sie muss ihre Lernschritte vollziehen, sie zum Verstehen bringen, um DICH treffen zu können. Und so kann es sein, dass eine geplante gemeinsame Zeit nicht gelebt werden kann, obwohl du DEINE Lernschritte vollzogen hast.

Plan B, Plan C, Plan D, dieses oder jenes Detail, Unmengen an Möglichkeiten lässt dir deine vorgeburtliche Vision offen. Vieles an Wenns und Abers ist vorab besprochen worden. Und doch entscheidest DU. Du allein. Vor allem musst du wissen: Dein Leben ist so erdacht, dass du glücklich bist! Es ist niemals von vornherein so geplant, dass du unglücklich sein wirst! Niemals, hörst du?

„Plan B" und „C" sind ebenfalls so angelegt, dass du glücklich sein wirst. Das hast DU definiert. Solltest du also deine vorgeburtliche Vision im Gesamten nicht umsetzen können, heißt das nicht, dass du deprimiert durch dein Leben gehen musst. Es liegt an dir, das Beste daraus zu machen, dich selbst in Liebe zu betrachten UND AUCH IN LIEBE DAS ANZUNEHMEN, WAS DIR NICHT GELINGT UMZUSETZEN.

In Liebe,
Metatron

Die vorgeburtliche Vision III (Metatron)

Deine vorgeburtliche Vision hast du dir so erdacht, dass du glücklich sein wirst. Das sagte ich zuvor.

Ich weiß sehr wohl, dass dies schwierig ist zu glauben, wenn man an Schmerz denkt, an Missbrauch, an Missachtung, sei es in der Kindheit oder auch in späteren Jahren. Der feine Unterschied in meiner Wortwahl heißt, „dass du glücklich sein wirst", nicht, „dass du durchgehend immer glücklich bist". Denn auch das Glücklichsein musst du dir erarbeiten.

Alles, was du an Demütigung, an Schmerz erfahren hast, kannst du so ins Verstehen bringen, dass es dir möglich ist, tatsächlich glücklich zu sein und frohen Herzens durch dein Leben zu schreiten.

Warum? Weil es DEIN Weg ist, weil DU es so für dich entschieden hast.

Niemals hast du dir in deiner vorgeburtlichen Vision etwas ausgedacht, was du nicht tragen, ertragen könntest. Du hast das gewählt, wo DU am Besten ins Verstehen kommen kannst.

Verstehen bedeutet immer, es umsetzen zu können; Wissen, Liebe leben zu können. Somit also vergeben zu können, dir und anderen. Wis-

send Dinge begreifen und das „Dahinter" an-
schauen zu können – in Liebe.

Metatron

ICH, DIE MUTTER

Ich bin Mama (Maria)

Du bist Mutter. Was bedeutet das? Es bedeutet, dass du dich entschieden hast, Verantwortung für ein Kind zu übernehmen. Dein Kind. Denn du bist die Mutter.

Muttersein ist eine andere Verantwortung wie zum Beispiel jene, die du trägst, wenn du Tochter, Ehefrau oder Freundin bist. Muttersein ist eine Bindung, die du dein Leben lang trägst. Zwar wird diese Bindung sich ändern, nicht mehr die gleiche sein wie zu Beginn, als dein Kind noch klein und bedürftiger war, aber es ändert nichts daran: Die Bindung von Mutter zu Kind hält ein Leben lang.

Hier möchte ich kurz auf Folgendes hinweisen: Selbst wenn sich eine Mutter entscheidet, sich um ihr Kind nicht zu kümmern, es wegzustoßen, den Kontakt also bricht, wird diese Verbindung zwischen Mutter und Kind bestehen bleiben, wenn auch der „Verbindungsfaden" ein hauchdünner geworden sein mag. Abreißen kann er nicht!

Dies trifft natürlich genauso zu, sollte das Kind entscheiden, den Kontakt abzubrechen.

Auch hier bleibt weiterhin dieser hauchzarte Verbindungsfaden bestehen. Denn ich wiederhole es noch einmal: Diese Verbindung von Mutter zu Kind innerhalb einer Inkarnation lässt sich nicht kappen.

Selbstverständlich ist es Ziel, diese Verbindung im Laufe des Älterwerdens des Kindes zarter werden zu lassen, das, was die Menschen unter „Loslassen" definieren. Die Mutter muss ihr Kind gehen und es sein eigenes Leben leben lassen.

Liebe Mütter, vertraut darauf, dass ihr diese Verbindung habt. Ihr müsst es nicht durch Telefonate oder sonstigen Aufwand überprüfen.

Wenn das Kind klein oder sogar noch ein Baby ist, dann allerdings ist diese Verbindung stark ausgeprägt. Auch hier gilt: Das ist so. Auch hier gilt: Sollte eine Mutter sich von Anfang an von diesem Kind innerlich/gefühlsmäßig abwenden, ändert es nichts daran, dass diese Verbindung eine stark ausgeprägte ist. Dies ist nicht änderbar. Somit wird es keine Mutter schaffen, selbst wenn sie ihr Kind verstößt, zur Adoption freigibt, es misshandelt oder was auch immer, geistig oder wahrhaftig, mit diesem Kind anstellt, dass die Verbindung geringer wird.

Diese vorgegebenen Tatsachen tragen dazu

bei, dass jede Mutter zu jeder Zeit die Möglichkeit hat, sich klar darüber zu sein, wo sie eventuell mit ihrem Tun Karma aufbaut.

Wir befinden uns hier bei einem Thema, das innerhalb der Gesetzmäßigkeiten außergewöhnlich ist. Wir sprechen über die einzige Verbindung zwischen zwei Menschen/zwei Seelen, die nicht trennbar ist innerhalb dieser Inkarnation. Wenn ihr euch darüber im Klaren seid, versteht ihr auch, dass euch nichts und niemand trennen kann.

Solltet ihr also in eurer Inkarnation mit dem Thema Trennung zu tun haben, sei es, weil das Kind von euch gegangen ist oder auch von euch genommen wurde, die Verbindung von euch zu eurem Kind bleibt.

Diese starke, nicht änderbare Verbindung bringt Verantwortung mit sich. Du, die Mutter, bist verantwortlich für dein Kind. Anfangs in großem Maß, je älter das Kind wird natürlich weniger und auch dezenter.

Verantwortung heißt: Du musst entscheiden. Du bestimmst, was für das Kind gut ist, was es braucht. Du bestimmst, wo du rügst, wo du es in den Arm nimmst, wo und wann du es nährst. Du „erziehst" dieses Kind. Du behütest es. Du beschützt es. Du verteidigst es. Du hüllst es ein in deine Liebe. Du singst ihm vor. Du sprichst mit ihm. Du bist Mutter.

All das erfordert deine Kraft, deine Energie. All das heißt für dich, dass du ab nun nicht mehr nur für dich verantwortlich bist, sondern entschieden hast, zusätzlich für noch einen Menschen die Verantwortung zu tragen. Oder auch für mehrere, wenn du mehrere Kinder hast.

Solltest du dich entschieden haben, ein Kind zu adoptieren, möchte ich dir hier sagen: Das ist fein. Es ist ein Akt der Liebe, wenn du ihn verantwortungsvoll lebst. Aber denke daran, hier gilt diese Regel nicht, dass du ein Leben lang diese Verbindung zum Kind haben wirst. Diese besteht ausschließlich und allein dadurch, dass DU entscheidest, diese Verbindung haben zu wollen, und ... in späteren Jahren, wenn das Kind älter geworden ist, auch dadurch, dass das Kind entscheidet, diese Verbindung aufrechterhalten zu wollen. Es ist ein gewollter Akt der Liebe, ein eigen entschiedenes Handeln, ein selbst entschiedenes „Verantwortung übernehmen".

Fühle immer in dein Herz, was es dir rät zu tun. So wirst du wissen, wann du zu sehr an dieser eurer Mutter-Kind-Verbindung ziehst, diese Verbindung vielleicht zu sehr willentlich größer und massiver hältst, obwohl es angesichts des

Alters, der Reife des Kindes nicht mehr angebracht wäre. Fühle in dein Herz, und du wirst
wissend sein.

Ich grüße euch, ihr Mütter, von ganzem Herzen. Ich, die Mutter der Mütter, grüße euch.

Gott zum Gruße,
Maria

Ich bin Mutter einer Tochter/ eines Sohnes (Maria)

Gibt es einen Unterschied? Macht es einen Unterschied, ob ich Mutter einer Tochter oder eines Sohnes bin? Ja und Nein.

Die Verbindung Mutter zu Kind ist und bleibt bestehen, das ist nicht wandelbar. Darin liegt kein Unterschied, ob dieses dein Kind nun Tochter oder Sohn ist. Der Unterschied liegt woanders. Das weibliche Kind hat als die Seele, die sie ist, für sich das Frausein gewählt, das männliche das Mannsein. Und du hast natürlich zugestimmt, die Mutter zu sein, nur am Rande bemerkt.

Die Entscheidung, als Frau zu inkarnieren, hat natürlich auch Auswirkungen auf dich als Mutter, denn du bist die Lehrerin im Frausein. Du lehrst dieses Mädchen, was es bedeutet, „Frau" zu sein. Du schulst dieses weibliche Kind, indem du vorlebst, wie „Frau" lebt.

Dieses dein Kind, das da weiblich ist, wird dich zum Vorbild nehmen, wird dir genau „auf die Finger schauen", wird bis ins Detail registrieren, wie du sprichst, wie du antwortest, wie du reagierst, was du tust.

Obwohl dein Kind, das ein Junge ist, zu dir die gleiche starke Verbindung hat, diese Verbindung, die nicht trennbar ist, wird das männliche Kind immer versuchen, seinen „Lehrer" zu finden, also einen Mann, dem er wiederum „auf die Finger schauen" kann. Zuerst, falls vorhanden, wird das der Vater sein, der Lebensgefährte der Mutter, der entweder im gleichen Haushalt lebt oder oft präsent ist.

Selbstverständlich wird der Junge genauso abspeichern, wie du, die Mutter, sich benimmt. Er wird genauso bedürftig sein nach deiner Umarmung, deiner Liebe, deinem Geleit. Dennoch aber braucht er den Mann, der ihm vorlebt, was der Mann zu leben hat. Und deine Tochter, obwohl du die Frau vorlebst, braucht den Mann, der zeigt, was ein Mann tut.

Du weißt, dieses Optimum ist nicht immer lebbar, denn es ist die Zeit, in der es viele „alleinerziehende" Menschen gibt. Aber wenn du dir klarmachst: Auch wenn ein Kind beide Eltern, den Vater und die Mutter, um sich hat und auch hier nicht alles in Liebe gelebt wird, wankt das „Optimum" sowieso schon. Das heißt, selbst wenn du alleinerziehend sein solltest, du wirst es meistern. Denn du wusstest vorab, dass dies geschehen wird oder kann, als du den Partner/ die Seele wähltest, die der Vater deiner Kinder sein wird.

Was auch immer du für Gegebenheiten hast, dein Kind wird lernen. An dir, mit dir, durch dich. Du zeigst deinem Kind ein Bild. Du zeigst deinem Kind, was eine Frau lebt. Du bist diejenige, die vorlebt, was eine Frau in dieser Welt tut.

Du siehst an meiner Ausdrucksweise, dass das, was du lebst, enormen Einfluss auf dein Kind beziehungsweise deine Kinder hat. Es gibt Hunderte von Versionen, wie eine Frau leben kann in dieser Welt, welchen Dogmen sie unterworfen ist. Welche Regeln hält sie ein? Wie unterwürfig ist sie, wie dominant? Wie klar, wie konsequent? Lebt sie Demut? Lebt sie Liebe? Ist sie intrigant, anpassungsfähig? Hysterisch? Eifersüchtig? Gütig? Voller Hass? Und so weiter, und so weiter.

Ich weiß, liebe Mutter, wenn du dir das wirklich klarmachst, kann es sein, dass du erschrickst. Denn es ist tatsächlich Verantwortung, die du trägst. Niemand schaut so genau wie dein Kind. Niemand sonst registriert und speichert so bis ins Detail, was du lebst, was du tust. Du prägst mit deinem Verhalten. Du bist Lehrerin, allein dadurch, dass du lebst. Du, die Mutter, bist allein durch deine Entscheidung, Mutter zu sein, das Vorbild.

In Liebe,
Maria

Ich bin „Alleinerziehende" (Hilarion)

Du hast das Muttersein gewählt, ein Kind geboren und bist „allein". Na und? Es passiert. Der Mensch hat den freien Willen. Und ob es nun dein freier Wille war oder der des Vaters, es ist, wie es ist. Du bist alleinerziehende Mutter. Und du kannst es. Das ist es, was ich gleich zu Beginn klarstellen möchte. Wie auch immer das Optimum definiert ist, wie zum Beispiel vorab erwähnt, dass es an sich „perfekt" wäre, wenn Mann und Frau ihr Kind erziehen, es gibt weit mehr „optimale" Konstellationen, die du dir vielleicht noch nicht wirklich vorstellen kannst.

Erinnerst du dich, dass du Mann und Frau zugleich bist, was auch immer du gewählt hast, in dieser Inkarnation zu sein? Erinnerst du dich, dass es zu deinen Aufgaben gehört, dieses wieder zu entfachen, das Männliche und Weibliche in dir wieder vollkommen und vollständig zu aktivieren und es dann auch zu leben? Siehst du, das ist es, worum es geht.

Eine fantastisch gelagerte Voraussetzung, um dich, die Frau, dahin zu bringen, es nun – in dieser Inkarnation – tatsächlich auch zu leben. Lebe die Frau in dir. Und lebe den Mann in dir.

Verstehe mich nicht falsch. Es ist nicht Sinn

des Mutterseins, sämtliche männliche Wesen auf dieser Erde von deinem Kind abzuschotten. Nein. Dein Kind braucht männliche Bezugspersonen. Aber sollte es so sein, dass genau DEINE Konstellation so gelagert ist, dass es keine männliche Bezugsperson gibt, entspricht dies sicherlich deinem und dem Weg des Kindes. Hadere niemals damit, was ist. Es ist für dich, um zu verstehen, zu wachsen und zu lernen.

Du bist die Königin in diesem Spiel. Du bist die Königin in DEINEM Universum. DU bestimmst.

Gott zum Gruße, Gott zum Gruße,
Hilarion

Ich bin Oma (Hilarion)

Die Großmutter, das ist entweder die Mutter der Mutter oder die Mutter des Vaters des Kindes. Wenn ihr euch also zuvor „Ich bin Mutter" durchgelesen habt, seht ihr schon, dass es eine jeweils etwas anders gelagerte Situation ist.

Das Enkelkind, das von deiner Tochter stammt, hat eine andere Bindung an dich als Großmutter als das Enkelkind, das von deinem Sohn stammt. Warum?

Erinnere dich, dass du als Mutter zu deinen Kindern dieses dauerhafte Band lebst, das niemals gekappt werden kann. Erinnere dich, dass dies einzigartig ist.

Deine Tochter bekommt nun ein Baby, und so ist auch sie Mutter und hat nun dieses untrennbare Band zu ihrem Kind. Du hast ein Band zu deiner Tochter, und sie hat dieses Band zu ihrem Kind, deinem Enkelkind. Dadurch wirst du als Großmutter eine sehr enge Verbindung zu diesem Kind haben, denn das kleine Kind spürt unweigerlich die enge Verbindung seiner Mutter zu dir.

Wir sprechen hier nicht von einer direkten Verbindung von deinem Enkelkind zu dir, der Großmutter, sondern über eine indirekte Verbindung. Dadurch, dass die Mutter des Kindes über ihr Band, das sie mit ihrem Kind verbindet, „Dinge" weiß/mitbekommt und du und die Mutter durch euer Mutter-/Tochtersein eine ebenso enge Verbindung lebt, wirst du über diese Verbindung „eingebunden".

Das Kind deines Sohnes ist dir nicht automatisch so nah, denn hier hast du diese „indirekte" Verbindung nicht. Dein Sohn ist ein Vater, keine Mutter, und so lebt er damit, dass er, wenn er möchte, seine Verbindung zum Kind selbst und bewusst aufbauen muss, erhalten muss, also dafür verantwortlich ist, wie stark und ausgeprägt diese Verbindung ist.

Nichts hindert dich jedoch daran, auch und direkt ein Band von dir zu diesem deinem Enkelkind zu leben. Aber sei dir im Klaren darüber, dass du die Großmutter bist. Dein Band ist nicht dafür gedacht, um mit der Mutter zu konkurrieren, und dem Kind zu vermitteln, du würdest es besser machen.

Du als die Großmutter darfst und sollst dieses Band immer wieder einmal so klein wie möglich halten. Dann, wenn du gerade nicht „zuständig" bist. Dieses Kind ist das Kind DEINES Kindes. Es ist nicht DEIN Kind. Vergiss das nicht!

Das führt mich zu einem weiteren Punkt, der enorm wichtig ist.

Es ist nicht nur angebracht, sich dezent über das direkte Band zwischen dir und dem Enkelkind zurückzuhalten, sondern vor allem: Hüte dich vor dem Einfluss, den du über dieses Band auf dein eigenes Kind hast. Solltest du also der Meinung sein, deine Tochter oder dein Sohn würden in der Erziehung ihrer Kinder etwas „nicht richtig" machen, dann gehe ins Gespräch und nicht über feinstoffliche Einflussnahme über deine Mutter-/Kindverbindung. Selbstverständlich funktioniert das, aber du befindest dich dann schon bei der Thematik „Manipulation".

Sei direkt. Sei korrekt. Wisse, wann du deine Verbindung zum Enkelkind leben und wann du sie reduzieren solltest. Sei ehrlich zu dir und deinen Bedürfnissen. Sei wachsam um deiner selbst willen.

Achte den freien Willen deiner Kinder, die schon Eltern sind. Und so lebe dein Leben als Großmutter in Freude. Genieße es.

In Liebe,
Hilarion

Ich trage die Verantwortung? (Sananda)

Ja und Nein. Wenn du nicht anwesend bist, und dein Mann, deine Mutter, eine Freundin mit deinem Kind unterwegs ist oder dein Kind den Kindergarten oder die Schule besucht, bei Freunden spielt, oder was auch immer tut, wenn du nicht dabei bist, bist du nicht in der Verantwortung für die Sorgfalt, die deinem Kind gebührt.

Du trägst jedoch die Verantwortung dafür, dass du dieses Band zwischen euch lebst. Du, die Mutter, entscheidest, wie stark es ist. So ist es erforderlich, dass es ein starkes Band ist, wenn das Kind sehr klein ist und/oder sich in Obhut einer anderen Person befindet!

Ist das Kind älter, lässt du das Band nach und nach zarter werden, erst ab und zu, dann mehr und mehr. Und je nach Erfordernis ist es dann umgekehrt: Es ist ab und zu stärker, wo es nun an sich dauerhaft zarter und schwächer ist, weil dein Kind schon älter ist. Das ist deine Verantwortung.

Fühle dein Kind. Sei bei ihm mit deinem Herzen, wo auch immer es sich aufhält. Und wisse den Zeitpunkt, an dem dies nicht mehr ganz so notwendig sein wird, an dem du beginnst, loszulassen und dein Kind nach und nach eigene

Wege geht. Und, vor allen Dingen: Wisse, erspü-
re, fühle den Zeitpunkt, an dem das Loslassen
vollzogen werden sollte.

Du wirst es wissen. Es gibt keine Altersanga-
be, keinen speziellen Hinweis, keine Erziehungs-
vorschriften. Es ist dein Herz, das dir rät. Und
dein Herz rät dir das Richtige, wenn du frei bist
von Angst und Sorge.

Lass dein Kind ziehen, wenn es so weit ist.
Lass es seinen eigenen Weg finden. Bis dahin
aber bist du Stütze, Begleiterin, Mutter in Gänze.
Amen.

In Liebe,
Sananda

Mein Kind gerät „auf die schiefe Bahn" (Hilarion)

Dein Kind entgleitet dir? So fühlt es sich für dich an? Liebe Mutter, manches Mal kannst du es nicht verhindern, denn das Kind fängt an, selbst Entscheidungen zu treffen, die du oft nicht nachvollziehen kannst. Sie sind für dich unverständlich. Und doch sind sie für dein Kind logisch, richtig, stimmig, wie auch immer du es nennen möchtest. Dein Kind beschließt und tut. Sei dir dessen bewusst, dass es auf der einen Seite auf der Suche nach sich selbst ist, indem es versucht, das Band zwischen sich und dir und/oder auch dem Vater oder den Geschwistern zu kappen. Auf der anderen Seite brachte es Themen mit in seine Inkarnation, die für dich vielleicht nicht verständlich sind.

So oder so bedeutet es für dein Kind einen hoch emotionalen Zustand. Und du, als Mutter, kannst ihn vielleicht beeinflussen – je nachdem, wie viel Einfluss dir dein Kind noch zugesteht. Oft kommt das Kind selbst an den Punkt, an dem es entscheidet, dass es das, was es vielleicht eine ganze Weile gelebt hat, wovon es überzeugt war, nun wieder beenden und anders leben möchte.

Es kann sein, dass dir dein Kind überhaupt

nicht mehr liebevoll vorkommt, ja, sogar, dass du denkst, es benimmt sich „unmöglich", unhöflich und patzig. Auch das ist ein Zeichen von hoher Emotionalität, die da bedeutet: Wo gehöre ich hin in dieser Welt? Was tue ich hier? Was soll ich hier? Wofür das Ganze? Und du wirst ihm diese Fragen nur zum Teil beantworten können. Warum? Erstens, weil du nicht alle Antworten kennst, und zweitens, weil du von deinem Kind in diesem Zustand nicht als die kompetente Person angesehen wirst.

Manchmal muss man auch als Mutter die Zeit für sich arbeiten lassen. Gehe auch du hier in die Meditation, ins Gebet. Arbeite an deinem Vertrauen. Kümmere dich darum, dass du weiterhin auf deine Führung vertrauen kannst. Und beginne niemals, an dir selbst zu zweifeln. Du willst das Beste für dein Kind, aber du kannst auch nicht mehr als das Beste tun. Du kannst da sein. Du kannst begleiten. Du kannst immer lieben. Du kannst dein Kind wissen lassen, dass du da bist, dass es kommen kann, wenn es mit dir sprechen möchte, wenn es eine Umarmung wünscht. Aber du kannst ab einem bestimmten Zeitpunkt nicht mehr für dein Kind entscheiden. Das will es alleine tun. Es versucht, sich zu „befreien" – aus seiner Sicht. Bleibe das liebende Mutterherz, und höre auch hier genau zu, wie stark dein Band zu deinem Kind sein muss, um es bestmöglich zu unterstützen. Muss es ein geringes zartes Band sein, damit dein Kind sich finden kann, oder ein starkes mit verbal direkt ausgesprochenen Regeln – in Liebe gesprochen? Fühle, lass dich führen, finde DEINE Zentrierung, und du wirst es meistern.

In Liebe,
Hilarion

Ich, die Mutter, bin krank (Maria)

Liebe Mutter, du kannst dich nicht so um dein Kind kümmern, wie du es gerne möchtest, und das macht dir Sorgen. Es belastet dich. Du bist auf Hilfe angewiesen.

Sei auch hier in Vertrauen. Vertraue darauf, dass dein Kind auch an dieser Situation wachsen kann. Weine ruhig, wenn dir danach ist, aber vertraue darauf, dass alles seinen Weg geht und dein Kind begleitet ist. Denn auch dein Kind ist niemals allein. So wie du hat es seinen Führungsengel, seinen Schutzengel. So wie du hat es vorab, vor Beginn dieser Inkarnation, Ja dazu gesagt, was passieren wird oder könnte. Dein Kind will lernen. Dein Kind – als die große Seele, die es ist – will lernen. Und so gehört auch das mit zu seinem Weg. Du bist nicht einfach nur krank. Du bist immer noch die Mama, die für ihr Kind da ist.

Vielleicht kannst du nicht dort unterstützen, wo du es als nötig empfindest, aber du bist da. Und dieses „Ich, Mama, bin da" bedingt, dass du – selbst wenn du es nicht bewusst tust, weil du vielleicht dazu nicht fähig bist –doch „feinstofflich" für dein Kind präsent bist.

Sei liebevoll mit dir. Schuldgefühle helfen dir nicht weiter, denn diese führen dazu, dass du schwächer sein wirst. Gehe vielmehr noch einen Schritt mehr in die Liebe, in dem Wissen, dass du begleitet bist, und dein Kind ebenso.

Mutterliebe ist, wenn sie denn da ist, immer präsent. Ob du nun sprechen kannst, reagieren kannst, berühren kannst, … oder eben gerade nicht. Du bist Liebe. Vergiss das nicht!

Maria

Mein Kind ist schwer krank (Sananda)

Dein Kind ist schwer krank. Sei Vertrauen!

Es ist nicht leicht, ich weiß. Der Vater jedoch weiß um deine Situation. Du sorgst dich. Du weinst. Du schläfst vielleicht nicht mehr gut. Aber du weißt, der Vater ist bei dir. Er lässt dich niemals allein.

Hole dir in Erinnerung, dass auch dein Kind gewählt hat. Hole dir in Erinnerung, dass auch dein Kind kam, um zu lernen.

Dein Kind wird vieles lernen durch diese Krankheit, aber es wird dich auch vieles lehren. Deine Liebe bleibt unverändert. Du liebst – bedingungslos. Du bist die Mutter. Du bist da. Du umarmst, berührst, bist Stütze, Hilfe, Rat und Begleitung. Wisse immer, dass du in dieser begleitenden Situation auch geführt und niemals allein gelassen bist.

Schöpfe die Kraft aus dem Wissen, dass alles seine Ordnung hat, selbst wenn du nicht alles jetzt sofort verstehen kannst. Oft ist das Kind die Ruhe, und du, die Mutter, bist in Aufruhr. Betrachte dein Kind, wie es damit umgeht, denn es weiß oft sehr genau, was jetzt bevorsteht. Dein Kind ist wissend, weil es ebenso wie du diese unsterbliche Seele ist, diese Seele, die da leuchtet und strahlt. Es trägt sein Los in Liebe. Selbst wenn es wie du manchmal weint, hadert und zweifelt.

Glaube an dich, an deine Stärke, an deine Liebe. Denn die Liebe ist es, die unveränderlich steht, egal, was passieren wird. Es ist wichtig, diese Liebe, die die stärkste Macht im Universum ist, zu zeigen, sie präsent sein zu lassen. Nicht nur in dir sollst du wissend sein, dass du dieses Kind liebst, sondern lass es dein Kind fühlen. Zeige es. Es ist unglaublich wichtig, dass du die Liebe zeigst und nicht das Mitleid. Denn Mitleid ist eine komplett andere Frequenz. Leide nicht mit, sondern bleibe du selbst, in deiner ganzen Größe, in deiner Stärke, in deiner Liebe, denn dann bist du wahrhaftig Licht, das strahlend seinem Kind zur Seite steht.

Und noch etwas: Vergiss niemals den Humor. Denn das Lachen trägt eine Kraft in sich, die unglaublich ist in ihrem Ausmaß. Die Freude, das Lachen, das Lächeln hat eine Frequenz, die in sich Heilung trägt. So schlimm es auch sein mag, vergiss niemals, dass auch freudige Momente ihren Platz brauchen. Sei es im Spiel, im Gespräch oder indem ihr gemeinsam einen Film betrachtet, der euch genau dorthin bringt ... zu der Frequenz der Freude.

Gott zum Gruße, geliebte Mutter, Gott zum Gruße.

Sananda

Der Tod meines Kindes (Hilarion)

Dein Kind ist tot. Das ist schrecklich, denn es entspricht nicht „dem natürlichen Lauf" wirst du sagen. Die Älteren sollten zuerst gehen. Die Mutter, der Vater, sollte zuerst sterben. Und viel später erst, wenn das Kind selbst erwachsen, alt geworden ist, dann erst sollte das Kind sterben. Doch oft ist es anders.

Versuche zu verstehen, dass auch dein Kind wissend war, was geschehen wird. Auch dein Kind hat für sich in einer vorgeburtlichen Vision Entscheidungen getroffen. Ihr habt gemeinsam diese eure gemeinsame Inkarnation angeschaut, vorab definiert. Dein Kind wusste, dass es geschehen kann. Nicht dass es so sein wird, sondern kann.

Der Schmerz, die Trauer, ist groß. Es tut unglaublich weh. Die Tränen fließen. Und das ist auch in Ordnung. Weine. Und schau dir den Schmerz an. Aber vergiss niemals, dass du dir auch diese deine Liebe ansiehst. Nicht jene, die besitzen will, sondern diese deine große bedingungslose Liebe, die Wissen und Weisheit in sich trägt.

Wo ist sie denn, diese Seele, die dein Kind war? Sie ist weitergegangen auf ihrem Weg. Sie geht weiter den Weg des Lernens. Denn natürlich will auch diese Seele an IHR Ziel kommen.

Dein Schmerz ist groß, und doch musst du an den Punkt kommen, an dem du dein Kind gehen lässt. Denn das musst du. Dein Kind muss – als die Seele, die es ist – weiterziehen. Sie muss genauso Rückschau halten, sich neu orientieren, irgendwann wieder neu entscheiden für eine neue Inkarnation. Du durftest diese Liebe kennenlernen, durftest dich erfreuen an eurem gemeinsamen Weg. Diese gemeinsame Zeit ist eine Bereicherung. Für dich. Für das Kind. Doch Loslassen musst DU. Denn wenn du weiterhin festhältst, wird das Band zwischen dir, der Mutter, und deinem Kind sich nicht lösen können. Dieses Band, das da nicht trennbar zwischen euch war, so lange ihr als Mutter und Kind gemeinsam inkarniert wart, muss durchtrennt werden. Falls nicht, kann dein Kind, diese Seele, nicht hinüberschreiten, nicht diese Grenze der Rückschau übertreten. Sie wird also bleiben, weil du sie hältst.

Hab keine Angst vor dem Loslassen, aber hab auch keine Angst, du wärst zu langsam. Du darfst dir die Zeit der Trauer gönnen, die Zeit, die du brauchst, um an den Punkt zu gelangen, an dem du loslassen kannst. Du musst sie dir sogar gönnen. Trauere, weine, verstehe, und dann lass los.

Loslassen bedeutet nicht, dass du nicht mehr lieben darfst. Du darfst dein Kind genauso in Erinnerung behalten, es lieben, schätzen. Du wirst es nicht vergessen, nur weil du dich dafür entschieden hast, dass es gehen darf. Liebe ist nicht kleinzukriegen. Liebe ist unendlich, frei und auch froh. Und in diesem Sinn denke an dein Kind, fühle es. Schau in Liebe und in dem Wissen: Mein Kind geht seinen Weg. Viel Glück dabei, mein geliebtes Kind. Gott ist bei dir. Amen.

Hilarion

ICH, DIE TOCHTER

Ich, die Tochter meiner Mutter (Hilarion)

Ja, du bist die Tochter deiner Mutter. Das bist du, und das bleibst du. Und selbstverständlich wirst du dein eigenes Leben leben, das DU bestimmst. Denn ist es nicht oft so, dass die Mutter, die eigene Mutter, immer noch mitreden will, die immer noch sagen möchte, was du falsch oder richtig entscheidest, was du tun solltest oder nicht? Egal, welches Alter du nun hast, oft ist es so, dass die Mutter meint, es besser zu wissen.

Du aber bist groß. Du bist alleine groß. Du bist wissend darüber, was dir guttut. Du bist wissend darüber, wie dein Leben sein sollte, wie du es gerne haben möchtest.

Selbst wenn du manchmal an deinen eigenen Entscheidungen zweifelst, an deinem „Urteil", an deinen Fähigkeiten, deine Mutter kann und soll dir deinen Weg nicht vorgeben. Sie kann dir Rat geben, wenn du es möchtest, dir Stütze sein. Sie kann dich in den Arm nehmen, egal, wie alt du bist. Aber DU entscheidest. DU bestimmst.

Mütter können manches Mal nicht umhin, das bestehende Band, das in seiner Gänze notwendig war, als du ein kleines Mädchen warst, nicht loszulassen. Sie wünschen oft, dass dieses Kind, das du bist, immer und ganz das Kind bleiben möge, bei dem die Mutter Einfluss nehmen kann und darf und aus ihrer Sicht auch „muss".

Du weißt, es ist nicht so, dass das der „richtige" Weg wäre, und doch musst du vielleicht damit leben, dass deine Mutter Einfluss nehmen möchte, sie also ständig darauf bedacht ist, dieses bestehende Band zwischen euch immer schön breit, massiv und groß zu lassen und dir IHRE Ansicht permanent feinstofflich vermitteln zu können.

Du aber hast das Recht, dafür zu sorgen, dieses Band dezent zu halten. Du hast das Recht, dafür zu sorgen, dass DU entscheidest, DEIN Leben so zu leben, wie DU es möchtest.

Nicht die Wut auf die Mutter hilft dir weiter, sondern das Verstehen, das dahinter steckt. So, wie es mit allem ist, was es zu klären gibt. Alles Verstehen hilft dir weiter. Denn wenn du verstehst, wirst du wissend sein. Was aber steckt dahinter? Es ist ihre Angst, dich zu verlieren. Die Angst, von dir nicht geliebt zu werden. Die Angst, du könntest dich so verändern, dass sie zu deiner Denkweise keinen Zugang mehr findet. „Bleib mein Kind" ruft sie dir zu.

Du aber kannst sie, weil du es erkannt hast, in den Arm nehmen und trotzdem das Band dezenter werden lassen. Du kannst ihr in Worten erklären, dass du da bist und trotzdem dein eigenes Leben lebst. Fühle auch hier dein Herz, und du wirst wissen, was du zu tun hast.

Und solltest du eine Mutter haben, die fähig ist, dich in bedingungsloser Liebe anzuerkennen, was auch immer du tust und entscheidest, so schätze dich glücklich. Denn es ist selten.

Gott zum Gruße, Gott zum Gruße,
Hilarion

Ich, die Tochter meines Vaters (Hilarion)

Ja, ich bin auch die Tochter meines Vaters. Er, der Mann, hat mich geprägt. Natürlich hat er das.

War er da als dein Vater, hat er mit dir gelebt, mit euch gemeinsam die Zeit verbracht? Oder war er ein Vater, der nie da war, sich vielleicht schon früh von euch getrennt hat? War er da für dich oder nicht? Hast du ihn erleben dürfen? Hat er sich dir entzogen?

Was auch immer du erlebt hast mit ihm, wo auch immer er dir gefehlt hat, du hast gelernt.

Dein Vater, der die Verbindung zu dir bewusst gewählt oder entschieden hat, sie zu kappen, er hat dich gezeugt. Ja. Aber ob er nun da war oder nicht, ER hat entschieden, ob er eine Verbindung zu dir aufbauen will. Er hat entschieden, wie stark diese Verbindung ist. Er hat entschieden, ob er sie zwischendurch kappt oder sie aufrechterhält.

Du konntest es nicht entscheiden, du warst ein kleines Kind und konntest dein Gehirn noch nicht einsetzen für derartige Entscheidungen. Und als du älter wurdest und entscheiden konntest, hat dein Wille allein nicht genügt. Denn er, der Vater, muss wollen.

Ein liebevoller Vater, jener, der dir als Vater

zur Verfügung steht, ist ein Geschenk. Für dich. Er hat entschieden, dich, sein Kind, anzunehmen, Verantwortung zu übernehmen, dir seine Liebe zu schenken. Er hat entschieden, für dich zu leben, dir einen Teil seiner Kraft und Energie zu geben, dich zu schützen und zu begleiten.

Und wenn nicht? Dann eben nicht. Nimm es, wie es kommt, und lerne daraus. Hadere nicht, sondern lerne. Denn lernen bedeutet nichts anderes als verstehen. Und verstehen bedeutet Wachstum. So gehe deinen Weg und wachse. Schritt für Schritt. In Liebe.

Gott zum Gruße,
Hilarion

Die Erwartungen meiner Eltern (Sananda)

Geliebte Seele, geh davon aus, dass deine Eltern dich lieben. Selbst wenn sie nicht wirklich Ahnung davon haben, was bedingungslose Liebe bedeutet, aus ihrer Sicht lieben sie dich. Und – und das weißt du – sie wollen das Beste für dich! Das ist genau das, was dich oft verzweifeln lässt. Sie wollen das Beste für dich. Weißt du warum? Weil sie nicht verstanden haben, dass sie eigentlich das Beste für sich selbst wollen.

Sie möchten, dass du ein „braves" Mädchen bist, dass die Nachbarn, die Familie und die Freunde registrieren können, dass es mit dir keine Probleme gibt, du immer lieb bist, die fantastische Tochter, die sich jeder wünscht. Und sie haben so eine Tochter. Mit dir soll es keine Probleme geben. Es soll nicht über dich geredet werden. Man muss doch stolz sein können auf dich, vor allen Dingen auch vor den anderen Menschen. Wenn man über dich redet, von dir erzählt, dann kann man so „schöne" Dinge erzählen. Du sollst einen guten Eindruck hinterlassen. Am besten: Du bist fleißig, rufst immer wieder von selbst an, kommst vorbei, langst hierhin und dorthin, verstehst dich mit allen deinen Geschwistern, deine

Ehe funktioniert, dein Mann hat eine gute Position, du selbst bist aufmerksam, hilfsbereit, gutmütig, und so weiter, und so weiter.

Siehst du, was für ein Bedürfnis im Grunde dahinter steht? Es ist das Bedürfnis, ihr eigenes Selbstbewusstsein daraus zu speisen, dass sie eine absolut fantastische Tochter haben.

Sei also auch hier liebevoll in deinem Schauen. Aus deiner Zentrierung heraus, gut geerdet, registrierst du, was dahinter steht, worüber deine Eltern in ihren Bedürfnissen stolpern, wo sie vielleicht ihre Ängste noch leben, … und bist Liebe.

DEINE Liebe lässt dich liebevoll sein. Zu dir selbst und auch deinen Eltern gegenüber. Und du wirst die Worte finden, die vielleicht schon lange angebracht wären, sie auszusprechen. Du wirst die richtigen Worte finden. Denn aus Zentrierung gesprochen, sind auch klare Ansagen und Worte nicht Wut, sondern Liebe.

Sananda

Meine Eltern werden „alt" (Maria)

Lange Zeit waren deine Eltern deine „Lehrer". Sie lebten dir vor, gaben dir Rat, stellten die Regeln auf. Und nun?

Mache dir bewusst, dass es den Moment gibt, an dem es sich umdreht. Jetzt bist DU in der Lehrerfunktion, jetzt bist DU diejenige, die die Entscheidungen trifft, jetzt gibst DU Rat. Selbst wenn es dir nicht so erscheint und deine Mutter immer noch DICH beraten will, obwohl du vielleicht schon fünfzig Jahre alt bist. Tatsache ist: DU bist nun diejenige, die entscheidet, nicht nur für dein Leben, sondern auch mehr und mehr für deine Eltern. Sie sind diejenigen, die nun „umsorgt" werden möchten, so, wie du als Kind umsorgt wurdest. Höre auch hier ganz klar auf dein Empfinden, wo es angebracht ist, Dinge zu tun, oder wo du klare Grenzen setzen musst oder kannst.

Irgendwann stehst du vielleicht vor der Entscheidung, ob deine Mutter, dein Vater oder auch beide bei dir wohnen sollten, du sie vielleicht pflegen, oder sie in ein Heim geben wirst. Entscheiden kannst nur du allein, natürlich in Absprache mit deinem Partner, eventuell auch mit den Kindern. Aber sei dir klar darüber: Was auch immer geschieht, DU musst die Möglichkeit haben, in

DEINER Kraft bleiben zu können. Du sollst dich niemals „aufopfern". Es darf nicht geschehen, dass du schwach, erschöpft und todmüde durch den Tag gehst, einzig und allein aus dem Grund, weil du dein Dogma „Eltern gibt man nicht weg" erfüllen möchtest.

Ein Heim ist kein Horror-Ort. Es gibt liebevoll geführte Heime, in denen deine Mutter oder auch dein Vater in eine Gemeinschaft eingebunden werden und Gleichaltrige, Gleichgesinnte, Freunde finden können. Und du kannst jederzeit dorthin zu Besuch kommen, sie stützen, sie deine Liebe fühlen lassen.

Versuche also alles, was „man" tun müsste, wie „man" sich als perfekte Tochter verhalten sollte, über Bord zu werfen, und entscheide DU, was angebracht ist. Eigene Pflege im eigenen Heim für deine Eltern kann durchaus genau das sein, was deinem Lebensplan entspricht, was das „Richtige" ist für dein Wachstum, dein Lernen. Es kann aber genauso gut sein, dass DEIN Weg ist, auszusprechen, was du empfindest, nämlich, es möglicherweise nicht zu tun, sondern sie vielmehr in anderer Hände Obhut zu geben. Gott zum Gruße, geliebte Seele, die du als Frau inkarniert hast.

Gott zum Gruße,

Maria

Wenn meine Eltern von mir gehen (Sananda)

Wenn deine Eltern gehen, wirst du vielleicht schon älter sein, erwachsen. Vielleicht hast du Familie, Kinder. Deine Eltern sind bereits alte Menschen. Sie haben ihr Leben gelebt und beenden das Dasein hier auf Erden nun. Erst der eine, dann der andere, manchmal beide zugleich. Sie haben ihr Leben gelebt. Für dich jedoch ist es wichtig zu wissen:

Sie selbst haben entschieden, wie sie ihr Leben leben möchten. Auch deine Eltern waren niemals nur Opfer der Umstände. Auch sie hatten eine Vision, waren gekommen, um zu lernen, haben gelernt und manches nicht gelernt. Es war ihr Leben, ihr Wollen, es waren ihre Entscheidungen, ihre Wünsche.

Auch sie musst du gehen lassen. Sie müssen ihren Weg weitergehen. Und selbst, wenn es Dinge gibt, die nicht ausgesprochen waren, hadere nicht. Du kannst jederzeit das aussprechen, was du noch zu sagen wünschst. Begib dich an einen Ort, an dem du für dich bist, sei es ein Raum in deinem Zuhause oder auch der Wald, der Fluss, die Natur oder der Friedhof. In Gedanken nimmst du Verbindung auf zu deinem

Vater oder der Mutter, der/die von dir gegangen ist, und dann sprich. Trau dich. Sage das, was du zu sagen wünschst. Sprich das aus, was du meinst, das noch gesagt werden müsste. Hadere also nicht, wenn es aus deiner Sicht nicht „rechtzeitig" gesprochen werden konnte. Denn es gibt kein „zur rechten Zeit". Es ist, wie es ist. Und du kannst zu jederzeit Entscheidungen treffen. Also triffst du sie eben jetzt. Deine Worte werden dorthin gelangen, wo sie hingelangen sollen. Verstehen wird sich ausbreiten, bei dir und auch bei deinen Eltern. Sprich also.

Solltest du in jungen Jahren ein Elternteil verloren haben, ist also deine Mutter oder dein Vater verstorben, als du noch sehr jung warst, ist der Schmerz vielleicht ein unglaublicher Verlust. Du glaubst, du könntest es nicht ertragen. Aber du kannst es. Denn hier wirst du, wenn du dir den Raum gibst, in Neutralität und bedingungsloser Liebe zu schauen, feststellen, dass deine Mutter oder auch dein Vater noch bei dir sind. Sehr oft treffen Eltern die Entscheidung zu bleiben, bis ihr Kind groß ist und selbst agieren kann. Dieses „Ich bleibe" äußert sich ganz einfach. Du kannst zum Beispiel deine Mutter, die verstorben ist, fühlen. Es fühlt sich an, als wäre sie bei dir. Wenn du dir zugestehst, dass du dieses wahrnehmen kannst, kannst du auch annehmen, dass sie tatsächlich noch da ist. Nimmst du es nämlich nicht an, sondern gehst davon aus, sie wäre nun für immer „weg", wirst du genau diese Momente, in denen sie dir nahe ist, als die Momente empfinden, in denen du sie besonders stark vermisst, und die Tränen werden fließen.

Oft hat die Entscheidung eines Elternteils, noch in dieser Welt zu bleiben, damit zu tun, dass sie sich um dich sorgen. Kommst du, das Kind, alleine zurecht? Kannst du die Trauer bewältigen? Bist du stark genug, dein Leben zu leben? Wenn das aus Sicht deines verstorbenen Elternteils geklärt ist, du also fähig bist, zu leben, dann ist der tatsächliche Moment des Abschieds gekommen. Vertraue deinem Gefühl. Und wisse auch hier, dass du DEIN Leben selbst in die Hand nehmen musst. Nicht sofort. Nicht auf die Schnelle. Sondern dann, wenn du bereit bist.

Sananda

ICH, DIE SCHWESTER

Schwester sein ist manchmal nicht leicht (Sananda)

Schwester sein bedeutet, sich in eine Ordnung einzufügen. Es gibt vielleicht ältere Geschwister oder jüngere, oder aber du bist die Älteste oder die Jüngste. An welchem Punkt auch immer du stehst, er hat seine eigenen Anforderung an dich. Auch das „wusstest" du vorab und hast es für dich gewählt. Du hast mit Eifersucht, Neid sowie mit kleineren oder größeren Intrigen zu tun und erhältst vielleicht Strafen von den Eltern, die dir nicht zustehen, sondern einem der anderen Geschwister gebühren. Vielleicht wirst du überfordert, weil du eine Rolle einnehmen sollst, die dir und deinem Alter nicht entspricht. Oder du fühlst dich vernachlässigt, weniger geliebt. Du stehst in deiner Familie an einem bestimmten Platz. Und das Schwierige dabei ist, dass dein Platz dir oft so zugeteilt wird, dass du ihn aus Sicht der anderen niemals mehr los wirst, obwohl du vielleicht schon längst erwachsen bist und etwas anderes zu leben wünschst. Es werden Erwartungen an dich gestellt, vielleicht sogar Forderungen. Du aber entscheidest über DEIN Leben.

Du wirst älter, erwachsener. Und somit wirst du DU in deinem ganzen Ausmaß. Und das bedeutet, dass du DICH leben wirst. Achte also darauf, dass du – falls nötig – heraustrittst aus der Erfüllung imaginärer Wünsche, die an dich, als die Schwester, die du bist, herangetragen werden. Wisse darum, dass du das Recht hast, Entscheidungen so zu treffen, dass DU glücklich bist, dass DU dich frei fühlst.

Überprüfe, wo du selbst noch zu Eifersucht neigst, denn Eifersucht ist ein großes Thema bei Geschwistern, selbst wenn du schon viele Jahre auf dieser Erde lebst. Wer hat wen bevorzugt? Wer hat wen mehr lieb? Wer hat mehr Geld bekommen? Wer hängt wessen Fotos auf? Wer ruft wen öfter an? Und so weiter, und so weiter.

Lebe dich, und lass dich auch nicht von dem vermeintlichen „so benimmt man sich als Schwester" so beeinflussen, dass du von deinem Herzensweg abweichen wirst. Lebe dich und finde den Weg dorthin, es ohne schlechtes Gewissen zu tun. Lebe dich in Liebe.

Sananda

Schwester zu sein ist ein Geschenk (Sananda)

Solltest du Schwester sein, betrachte es als Geschenk, denn du hast die Möglichkeit, einen Freund zu haben, der dir bis an dein Lebensende bleibt. Mit Freund meine ich deine Geschwister. Vielleicht nur eins von all deinen Geschwistern, vielleicht nur das eine Geschwister, das du hast.

Natürlich bedarf es euer beider Hingabe, euer beider Wollen, damit es möglich ist, diese tiefe Freundschaft zu leben. Aber du kannst natürlich nur für dich entscheiden.

Du kannst entscheiden, was auch immer dein Geschwister lebt und tut, dass du liebst, dass du akzeptierst, dass du in bedingungsloser Liebe schaust. Du entscheidest, dass es unnötig ist, eifersüchtig zu sein, selbst wenn deine Eltern deine Geschwister bevorzugen.

Du entscheidest, dass du liebst. Und wenn es euch gelingt, diese Ausgewogenheit in dieser eurer Liebe zueinander und diesen aus Liebe gespeisten Respekt zu leben, werdet ihr füreinander da sein. Selbst wenn immer wieder klar zu Tage tritt, dass ihr verschiedene Verhaltensweisen habt, verschiedene Ängste, verschiedene Umgangsformen mit Jungs, Männern, Partnern.

Selbst wenn sich klar zeigt, dass ihr eure Kinder auf unterschiedliche Art und Weise erzieht, ihr mit euren Eltern unterschiedlich umgeht.

Lass zu, dass dein Geschwister seinen eigenen Lernweg geht, und wisse, dass du deinen gehst. Wenn ihr beide das vermögt, habt ihr Reichtum in eure Beziehung gesät und seid fähig, liebevoll diesen Weg der Gemeinsamkeit zu gehen.

Gott zum Gruße,
Sananda

Ich genüge nicht (Sananda)

Geliebte Seele. Wem willst du gefallen? Du bist Schwester, ja. Aber du bist auch ein Individuum. Du bist hier, um DICH zu leben. Sicherlich werden Erwartungen an dich gestellt. Wenn es anders wäre innerhalb deiner Familie, wäre das wundervoll. Aber meistens ist es doch so, dass du tun sollst, dich so oder so benehmen sollst, hier helfen sollst, dort mit anpacken sollst und so weiter. Deine Eltern stellen Vergleiche an, denn ihr Kinder seid verschieden. Warum bist du nicht auch so nett, so gescheit, so gut in der Schule, so hilfsbereit …

Auch hier rate ich dir: Gehe DEINEN Weg. Lerne zu verstehen, dass du das Recht hast, DICH zu leben. Du bist DU, und das ist recht so.

Egal, ob du diejenige bist, die nicht studiert hat, dein Geschwister aber schon, oder ob du lieber gemütliche Kleidung trägst und dein Geschwister sich ausgesprochen modisch kleidet. Du musst und sollst DEIN Leben leben.

Also stehe dazu, was du entscheidest. Stehe dazu, was du tust. Stehe dazu, wie du leben möchtest. Und tue es ohne schlechtes Gewissen.

Du hast deine Gründe, deine Argumente. Aber wisse, dass du dich niemals dafür zu rechtfertigen brauchst, was du tust. Du kannst darüber sprechen, wenn jemand mit dir das Gespräch sucht, und deinen Standpunkt erklären. Du kannst deine Regeln verbal definieren. Aber zu rechtfertigen brauchst du dich nicht. Warum? Weil Rechtfertigung Verteidigung bedeutet. Und warum solltest du dich verteidigen? Du lebst dich in dem Wissen, dass dein Herz dir rät, das zu tun, was dein Herz sagt, was du empfindest, was du fühlst.

Also stehe dazu, was du lebst. Und wisse, auch so bist du Schwester. Vielleicht nicht jene, die allen Ansprüchen genügt, aber die ehrlich zu sich selbst ist.

Sananda

MIR WURDE SO WEHGETAN

Der Schmerz aus der Kindheit
(Metatron)

Du kannst dich selbst immer nur dann in diesem deinem Jetzt-Moment leben, wenn du dich tatsächlich entschieden hast, DICH zu leben. Was ist damit gemeint?

Du hast immer die Wahl. DU entscheidest, ob du die Vergangenheit präsent sein oder sie gehen lässt. Das ist ein Satz, den du, wenn du den Schmerz erlitten hast, nicht leicht ertragen kannst. Aber glaube mir, es ist so. DU entscheidest.

Ich spreche nicht davon, dass du Erlebtes verdrängen sollst. Vielmehr geht es darum, es so zu bearbeiten, verarbeiten, aufzuarbeiten, dass es gehen darf. Danach wirst du merken, dass es dich stärkt, dir Kraft spendet und du an dem Geschehenen gewachsen bist. Du erkennst, dass du dadurch der Mensch bist, der du bist.

Im Laufe der Inkarnationen hast du dir Wissen angeeignet. Das heißt, du hast Wissen nicht nur mit deinem Gehirn gespeichert und kannst es in schönen Worten wiedergeben, sondern du hast verstanden, dass du es in dem System integrieren und daran wachsen konntest. Dann schwingt dieses erworbene Wissen in deinem Körper, in jeder deiner Zellen. Das ist Wachstum. Das bedeutet, Wissen zu integrieren.

Nun bist du die Summe all dessen, was du an Wissen integrieren konntest, zu jedem Jetztmoment. Immer wieder neu. Immer wieder mehr an Wissen. Und so stehst du heute, jetzt, in diesem Moment, mit deinem Wissen hier und liest.

Wisse: Niemals ist eine Situation, eine Person, ein Ereignis stärker, als du es bist. Es entspricht immer deinem Wissensstand, immer dem, was DU kannst. Alles, was geschieht, geschieht für dich. Zum Verstehen, zum Begreifen, zum Wachsen.

Lass das Vergangene gehen, aber verdränge es nicht. Lass es gehen in dem Wissen, dass es dich bereichert. Dass du stärker wirst dadurch. Nicht härter. Nicht egoistischer. Nein. Nur größer, stabiler, weiser.

Lass zu, dass du wissend wirst. Und du wirst wissend sein. Über alle Zusammenhänge und Gründe. Aber DU musst die Entscheidung dafür treffen.

Gehe heraus aus dem Denken, dass du Opfer warst. Du warst es vielleicht als Kind und konntest nicht anders entscheiden, nicht weggehen, hattest nicht die Kraft und den Mut dazu. Aber nun bist du nicht mehr Kind. Du bist Frau.

Entscheide in dir. Entscheide für dich. Entscheide, dass es jetzt gut ist und du begreifen möchtest. Und dir wird Hilfe zuteil. Du wirst den richtigen Menschen begegnen, die dich stützen können. Du wirst den richtigen Therapeuten treffen. Du wirst heil werden. Glaube fest daran, und es wird gelingen.

Gott zum Gruße,
dein Metatron

Immer noch werde ich verletzt, gedemütigt (Hilarion)

Du weißt nicht, warum immer du das Opfer bist? Warum wirst du gedemütigt, warum wird dir wehgetan? Warum achtet man deine Wünsche nicht? Warum hört man deine Worte nicht?

Verstehe, dass du niemals einen anderen Menschen ändern kannst, sondern immer nur dich selbst. Ein anderer hört dir vielleicht zu, nickt und gibt dir Recht. Aber die Entscheidung, sich zu ändern, kann diese Person nur selbst treffen. Niemals du.

Du kannst es dir noch so sehr wünschen und dir einreden, es bräuchte Zeit, du hättest Geduld. Aber oft ist es so, dass du – während du wartest – schwächer, „kleiner" wirst. Sei also ehrlich, wenn du die Situation betrachtest. Wie lange geht das schon? Wie lange wartest du schon? Wie viel hoffst du? Vielleicht musst du dir jetzt eingestehen, dass es schon zu lange ist.

Es ist auch möglich, dass dir immer wieder neue Situationen begegnen, in denen dir wehgetan wird und du gedemütigt wirst, in denen immer wieder andere Menschen genau dieses tun. Und du fragst dich: Warum geschieht immer MIR das? Warum nimmt mich niemand ernst?

Schau dich an! Was zeigst du nach Außen? Bist du selbstbewusst? Bist du präsent, wenn du den Raum betrittst? Bist du zaghaft, immer zurückhaltend? Fühlst du dich anwesend? Beantworte für dich selbst diese Fragen, und du wirst wissen, woran du arbeiten musst. Du lebst, was du bist. Und das strahlst du aus.

Bist du zaghaft, wird man deinen Worten nicht viel Gewicht geben, denn die Menschen nehmen dich so wahr, so wie du dich zeigst. Neigst du dazu, dich verstecken zu wollen, werden die Menschen dich auch nicht wirklich registrieren, nicht wahrnehmen.

Du musst also an dir arbeiten und dafür sorgen, dass DU DICH leben kannst. Und dabei vergiss niemals, dass auch DU groß bist, lichtvoll und strahlend in deinem Kern. DICH leben heißt also: Lerne diesen deinen Kern kennen, der da leuchtet und strahlt. Und lerne, damit so zu arbeiten, dass er wachsen, größer und präsenter sein kann, DU lichtvoller wirst, stabiler und wahrhaftiger.

In Liebe,
Hilarion

Wie finde ich die richtige Hilfe?
(Hilarion)

Das Wichtigste ist: Scheue dich nicht, Hilfe in Anspruch zu nehmen. Hab keine Angst davor, Hilfe zu benötigen. Wahrhafte Hilfestellung bedeutet, dass dir Geleit geboten wird, damit du selbst fähig bist, dich heil zu leben. Kein Therapeut, Helfer oder Heiler ist der Richtige, der dich auf der Liege liegen lässt und dich „nur behandelt", sondern jener, der dich an den Punkt bringt, an dem DU aufstehen kannst, um DICH zu leben. Glücklich. Zufrieden. Heil.

Sei dir bewusst, es bedeutet Arbeit für dich. Es bedeutet, Disziplin aufzubringen. Konsequenz. Du musst wirklich und wahrhaftig wollen. Du musst bereit sein. Aus deinem Innersten heraus musst du bereit sein. Und dann höre auf dein Herz. Fühle. Fühle, wem du vertraust. Lass dich nicht von schönen Worten blenden, sondern höre auf DICH. Was empfindest du bei dem Gedanken, hier oder dorthin zu gehen? Wie reagiert dein Körper bei dieser Vorstellung? Ist die Reaktion deine dir bekannte Angst, oder ist sie neu und zeigt sich nur deshalb, weil du dir ernsthaft überlegt hast, zu dieser oder jener Person zu gehen, um dir helfen zu lassen. Vertraust du?

Selbst wenn du schon auf dem Weg des spirituellen Lernens gehst oder schon lange diesen Weg beschreitest: Scheue dich nicht, jemandem zu vertrauen. Dieses „Ich muss es doch alleine schaffen" ist vollkommen unnötig.

Es gibt immer Menschen auf Erden, inkarnierte Seelen, die Weisheit leben und den Auftrag haben, andere auf ihrem Weg zu begleiten, bis diese selbst wissend sind. Gib den Auftrag, sie finden zu wollen, und du wirst sie finden.

Sei dir darüber im Klaren, dass ein Schmerz betrachtet werden muss. Es fließen vielleicht Tränen. Es tut weh. Aber du wirst wachsen, verstehen, verzeihen können. Du wirst Liebe leben können. Du wirst Liebe leben, bedingungslos, wertungsfrei, rein. Genau deshalb brauchst du Vertrauen in den Menschen, an den du dich wendest, und es braucht dein Herz, das entscheidet. DEIN Helfer wird dich geleiten – in Liebe.

Hilarion

PARTNERSCHAFT

Der Mann an meiner Seite (Sananda)

Der Mann an deiner Seite ist der Mann, für den du dich entschieden hast. Du hast definiert, dass du mit ihm leben möchtest und er dich begleiten soll. Du bist es, die immer noch entscheidet, zu jeder Sekunde, dass er derjenige ist, der dein Leben mit dir teilt. Warum also ist es möglich, dass du unzufrieden bist? Du entscheidest doch, oder nicht?

Jede Entscheidung trägt Konsequenzen. Alles, was du tust, zieht Dinge nach sich. So ist es auch bei der Wahl der Partnerschaft. Du und dieser Mann seid eine Verbindung eingegangen und geht ein Stück eures Weges gemeinsam. Vielleicht das ganze Leben lang oder einige Jahre. Aber immer nur so lange, wie du und auch er dazu Ja sagt. Wenn du aber bei ihm bleibst, gehen wir davon aus, dass du zu diesem Leben mit ihm Ja sagst. Nicht nur gesagt hast, irgendwann, sondern auch jetzt Ja sagst. Denn du kannst, darfst und sollst auch jetzt entscheiden. Jede Sekunde deines Lebens hast du die Möglichkeit, Entscheidungen zu treffen. Möchtest du den Weg des Ehrlichen gehen, musst du das sogar. Ehrlich dir selbst gegenüber.

Glaube mir, manches Mal ist es nicht leicht, das Ja in seiner Ganzheit zu empfinden. Aber sei dir darüber im Klaren, dass es Dinge zu lernen gibt, die dich noch halten und dich Entscheidungen treffen lassen, die dir vielleicht selbst nicht ganz klar sind.

Wenn du denkst, eine Beziehung müsste in ihrer Ganzheit „perfekt" sein, um wirklich glücklich zu sein, täuschst du dich. Beziehungen sind da, um zu lernen, zu verstehen.

Du kannst lernen, respektvoll zu sein. Du kannst lernen, dich danach zu sehnen, dass man mit DIR respektvoll umgeht. Du kannst wahrhaftige Liebe lernen, auch indem du zum Beispiel erkennst, dass das, was sich Liebe nennt, in deiner Beziehung eben nicht diese wertungsfreie, bedingungslose Liebe ist.

Du lernst. Und du entscheidest. Zu jeder Sekunde. Selbst wenn du glaubst, nicht zu entscheiden, weil du aus deiner Sicht seit Jahren nicht entscheiden möchtest oder kannst, entscheidest du. Nämlich, dass du jetzt keine Entscheidung treffen wirst. Auch das ist eine Entscheidung.

Lass dich niemals blenden von den Dingen, die ihr gemeinsam geschaffen habt. Das sollte und kann nicht ausschlaggebend sein, ob du wirklich – in deinem Innersten – glücklich bist.

Fühle in dein Herz, und du wirst wissen, was es dir rät.

Schau dir an, wo deine Beziehung dich schult. Betrachte, wann du ein klares NEIN ausdrückst, wo du JA sagen kannst. Und lebe es. Lebe das, was du entscheidest.

Solltest du glücklich sein, zufrieden, und feststellen, dass diese Beziehung dein Herz öffnet, dich froh durch die Welt gehen lässt, weil du respektvoll, liebevoll und achtsam behandelt wirst von deinem Partner, er dich schätzt, dir Raum zugesteht, dich wachsen lässt in deiner Geschwindigkeit, du also rundum glücklich bist damit, dann freue dich und sei stolz auf dich. Sei stolz, aber niemals hochmütig. Stolz zu sein ist durchaus angebracht, denn es heißt – in dem Sinne, wie ich es meine –, du hast dir erarbeitet, friedvoll zu leben. Es ist dein Werk. Denn dein Umfeld ist dein Spiegel. So auch deine Partnerschaft. Sei stolz auf dich.

Sananda

Die Frau an meiner Seite (Sananda)

Du hast eine Frau als Partnerin, als Lebensgefährtin gewählt. Dann lebe es in Würde, in Größe. Die Menschen werden nicht immer einverstanden sein mit deinem Weg. Du aber hast dich entschieden. Warum, spielt an dieser Stelle keine Rolle. Sieh nur zu, dass auch du hier achtsam bist und keine Rolle übernimmst, die genauso gut in einer dominanten oder unterwürfigen Art und Weise in einer Beziehung zwischen Mann und Frau gelebt werden könnte. Denn warum hast du eine Frau gewählt? Schau es dir genau an. Schau dir deine Gründe an. Was glaubst du, ist hier anders? Worauf glaubst du, so gut verzichten zu können? Denn nichts anderes ist der Grund für deine Wahl. Du glaubst, du hättest eine Beziehung, die NICHT so ist, wie mit einem Mann. Deine Beziehung beruht auf „NICHT". Verstehst du? Was also ist es, was du so gerne NICHT hättest?

Verstehe mich nicht falsch, ich möchte dir deine Beziehung nicht ausreden, nicht darüber urteilen, sie nicht verurteilen. DU bist der Meister deines Lebens. DU entscheidest. Und das ist vollkommen in Ordnung. Dieses Buch jedoch soll dich dazu anregen, nachzudenken, dir dein Leben zu betrachten. Schaue dich und deine Wahl an. Betrachte, was du tust. Fühle, und du wirst wissend sein.

Sananda

Sexualität (Sananda)

Du weißt, wahrhaft gelebte Liebe hat nichts mit Manipulation zu tun. Und doch ist genau dies oft in dem Akt der Sexualität enthalten. Manipulation ist manchmal sehr fein. Vielleicht sogar so fein versteckt, dass du dir im ersten Moment gar nicht dessen bewusst bist. Und doch ist sie da. Fast immer. Wie also funktioniert diese Art der Manipulation?

Du möchtest, also gibst du. Du bekommst, also gibst du. Er erwartet, also gibst du. Er belohnt danach, also gibst du. Du gibst, damit du bekommst. Du gibst, damit du Frieden hast. Du gibst, damit es geschmeidig ist. Du forderst, damit du recht hast. Er fordert, damit er recht hat.

Wie auch immer du es drehst und wendest, allzu oft stecken genau diese Dinge in eurer gelebten Sexualität, in dem, was ihr in eurem körperlichen Austausch vollzieht.

Wahre Liebe? Ja, durchaus. Jedoch im vollzogenen Akt eher die Ausnahme. Wahre Liebe, gelebt auch in der Sexualität, bedeutet Verschmelzung zum Göttlichen, Verschmelzung zum Alles-ist-Eins, Teil des Ganzen werden in deiner Wahrnehmung – gemeinsam mit dem Partner. Nichts ist mehr. Und alles ist.

Warum es so oft nicht so ist? Weil du auch hier lernst, verstehen kannst, dich selbst betrachten kannst – mit deinen Ängsten, deinem Gleichmut, deinen vorgefestigten Meinungen. Eine Frau sollte …, ein Mann sollte …, Sex sollte …, Begehren sollte …, Erotik sollte …

Siehst du, wie oft du vielleicht noch an bestimmten Vorgaben hängst, die dir die Medien, die Gleichaltrigen, die Masse der Menschen an „Soll" vorgeben? Du bist du. Und du hast Bedürfnisse. Dein Herz ist wissend. Was also willst du? Wonach sehnst du dich? Wo bist du bereit, Kompromisse zu machen? Wo bist du bereit, zu lernen? Wo ist es an der Zeit, Nein zu sagen? Wo an der Zeit, Ja zu sagen?

Vertraue dir selbst und deiner Wahrnehmung, vertraue deiner Sehnsucht, vertraue darauf, dass du bekommen wirst, was dir zusteht. Und hör auf damit, dich zu begnügen.

Sananda

Wenn meine Beziehung in die Brüche geht (Sananda)

Geliebte Seele. Es tut weh. Wie auch immer es vonstatten geht, es tut weh. Eine Beziehung bedeutet, dass du und diese andere Seele die Entscheidung getroffen hattet, miteinander durch diese Welt zu gehen. Auch wenn es eine Wochenendbeziehung ist, auch wenn einer von euch beiden längere Zeit abwesend ist. Ihr habt – ein jeder für sich – beschlossen, einen gemeinsamen Weg zu finden. Dieser Zeitabschnitt des gemeinsamen Gehens hat euch geprägt. Eure Energien haben sich dadurch verändert, eure Frequenzen haben sich zumindest in Teilbereichen angeglichen. Ihr habt gemeinsam Freude erlebt und auch gemeinsam Sorgen getragen. Es war eine Verbundenheit, und zu Beginn nanntet ihr es Liebe.

Glaubt mir zuerst einmal: Es ist immer noch Liebe. Ob ihr sie noch wahrnehmen könnt oder nicht. Denn Liebe vergeht niemals. Liebe ist oft nur überdeckt von deinen menschlichen Bedürfnissen, Erwartungen und Sehnsüchten. Und oft wünscht sich der Mensch eine bestimmte Verhaltensweise, eine Änderung beim anderen – ob es nun du bist oder dein Partner – der Wunsch nach „Tu doch dies" oder „Benimm dich hier anders" ist immer, wenn auch nur im Kleinen, präsent. Das ist das große Dilemma innerhalb einer Beziehung, dass jeder versucht, das zu bekommen, wonach er sich sehnt, anstatt mit dem zufrieden zu sein, was er hat.

Selbstverständlich hast du das Bedürfnis nach Achtsamkeit, nach Nähe, nach sanften Berührungen, nach Austausch. Aber vielleicht waren diese eure Bedürfnisse nicht gleich gelagert. Oft lässt ein Mensch auch zu, dass andere Themen in ihrer Priorität nach und nach als „wichtiger" eingestuft werden, als es zuvor der Fall war. Dabei handelt es sich zum Beispiel um die Arbeit, die Kinder, Freunde oder Hobbys. Was auch immer es war, es spielt keine Rolle.

Im Endeffekt geht es darum, dass DU hier auf Erden bist, um zu wachsen, und dein Partner ebenso. Ihr beide habt beschlossen, hierher zu kommen, um Verstehen zu finden. Ihr beide habt entschieden, einen Weg gemeinsam zu gehen. Wenn aber einer von euch „schneller" geht oder statisch bleibt in seiner Entwicklung, also an dem festhält, was immer war, dann siehst du an diesen Worten, dass ihr euch dadurch auseinanderentwickelt. Wie auch immer der Lernweg aussah – bei dir und auch bei deinem Partner –, es ist geschehen. Und du musst nun zurechtkommen. Und das wirst du.

Auch hier erinnere ich dich daran, dass du Meister bist in Bezug auf die Dinge, die DIR geschehen, die in DEINEM Leben passieren. Denn alles, was dir geschieht, geschieht DIR. Niemandem sonst. Es ist DEIN Weg, DEIN Leben, DEIN Lernen, DEIN Weg des Vergebens, DEIN Weg der Liebe.

Gott zum Gruße,
Sananda

ICH beende die Beziehung (Sananda)

Du, die Frau, hast dich entschieden, die Beziehung zu beenden. Dann tue es. Niemals hat der Vater bestimmt, dass eine Beziehung bis zum Tod andauern soll oder muss. Das ist manchmal gar nicht möglich. Da du und auch dein Partner eigenständig in eurem Lernen seid, könnt ihr auch nur jeder für sich durch dieses Leben gehen, selbst wenn es diese gemeinsame Zeit gab.

Du hast entschieden, dann tue es. Selbst hierbei werden deine Tränen fließen, denn nur weil du die Beziehung beendest, heißt es noch lange nicht, dass es nicht wehtut. Diese gemeinsamen Bereiche eures Seins müssen „getrennt" werden. Das, was ihr an Gemeinsamkeiten hattet, wird nun durchtrennt. Und selbst, wenn es so sein sollte, dass du, die Frau, von deinem Mann geschlagen wurdest, ein Martyrium an Schmerz und Demütigung erlitten hast, und dich nun trennen willst, wirst du Verlust verspüren. Denn auch dies war eine Gemeinsamkeit: Er schlug, und du hast dich schlagen lassen.

Wichtig für dich ist vor allen Dingen, daran zu arbeiten, dass es in Ordnung ist, was du tust. Es ist DEINE Entscheidung. Niemand sonst kann für dich entscheiden. Lass dir also von niemandem sagen, was du besser machen könntest und solltest. Denn wenn es sich für dich als richtig darstellt, wenn dein Herz sagt: Das ist es, was ich möchte, lässt es dich wachsen.

Viele Menschen möchten gerne mitreden, wenn es um Trennung geht. Sie meinen zu wissen, was richtig ist. Aber vor allen Dingen wissen sie noch viel mehr, was falsch ist. Schule dich also darin, dass du aufrecht gehen kannst. Schule dich darin, dass du kraftvoll bleibst, obwohl vielleicht deine Tränen fließen. Schule dich darin, dass du lernst, DICH zu leben und alles, was nun frei wird durch „entfernte" Energien, mit deinem eigenem Licht auffüllst. Solltest du das nämlich außer Acht lassen, kann es sein, dass ein neuer Partner in dein Leben tritt, der genau diese Lücke mit den gleichen Energien füllt wie zuvor, da dein System dies als vertraut empfindet.

Glaube an dich und bleibe stark, was auch immer geschieht. Bleibe stark aus Liebe.

Sananda

Ich schaffe es nicht, die Beziehung zu beenden (Hilarion)

Geliebte Seele. Du denkst immer wieder darüber nach, dass du gehen solltest, aber du „kannst es nicht"? Wenn das deine Situation ist, dann schau dir genau an, was zwischen dir und deinem Partner steht, was euch verbindet. Schau dir an, wo die Liebe geblieben ist, ob sie noch da ist. Aber vor allen Dingen schau dir an, ob das, was du empfindest, bedingungslose Liebe ist. Denn wenn du deinen Partner bedingungslos liebst, bist du auch fähig, all die Fakten anzusehen, die zutreffend sind, ohne dass du sie bewerten musst.

Fakten betrachten, ohne sie zu bewerten, heißt zum Beispiel wahrzunehmen, dass dein Partner phlegmatisch ist, zu nichts Lust hat, gerne jeden Abend vor dem Fernseher sitzt oder was auch immer tut, … du aber nicht darüber trauerst, verzweifelt bist, wütend, sondern nur registrierst, was ihr für ein Leben führt. Frage dich selbst aufrecht und ehrlich, wo deine Bedürfnisse liegen. Welche Sehnsüchte hast du, wie würdest du gerne leben? Und du wirst feststellen, wo das, was du wünschst, mit diesem Partner nicht gelebt werden kann. Frage dich ehrlich, wo du nachgibst, wo du sogenannte Kompromisse eingehst, dich zurücknimmst. Frage dich aufrichtig, wo du deine eigenen Wünsche hinten anstellst oder sie teilweise nicht mehr kennst, weil du sie schon so lange versteckt und zugedeckt hast. Deine erste Aufgabe ist also: Schau dich selbst ehrlich an.

Die zweite Aufgabe besteht darin, deinen Partner ehrlich zu betrachten – nicht verurteilend, hämisch oder verzweifelt, aber auch nicht arrogant. Schau ehrlich, so, als ob du jemand anderer wärst. Drittens schau dir ehrlich an, wo ihr zusammen passt, was harmoniert. Schau dir an, was ihr lebt.

Hör auf zu warten, falls du schon Jahre auf etwas wartest, was sich bis jetzt nicht eingestellt hat. Hör auf, darauf zu warten, dein Partner würde sich ändern, falls dein bisheriges Warten immer das gleiche war. Sei auch hier ehrlich.

Und dann überlege dir, was für sachliche Gründe dich hindern, diese deine Beziehung nicht beenden zu können. Ist es das Geschaffene? Das gemeinsam Erarbeitete? Geld? Die Angst vor der Zukunft? Die Kinder? Die Leute?

Verstehe: Nur mit dem wahrhaften Hinschauen wirst du zu einer Entscheidung kommen können. Und falls deine Entscheidung steht und du für dich sagst: „Ja, ich möchte nun gehen", dann tue es. Nichts, was danach kommt, wird mehr sein, als du tragen kannst. Nichts, was danach kommt, wird stärker sein, als du es bist. Du wirst es meistern, wenn du es für dich definierst. Es wird nicht einfach „glatt" laufen, geschmeidig sein. Das Geld wird dir wahrscheinlich nicht in den Schoß fallen. Aber du wirst es meistern, wenn du es möchtest.

Du hast Kraft. Und du hast Macht – die Macht, zu entscheiden. Vor allen Dingen aber hast du in dir die Liebe. Und diese Liebe lässt dich stark sein, wenn du zulässt, dass sie präsent ist. Du musst nicht alles und jeden lieben in diesem Moment, denn das gelingt dir vermutlich auch nicht. Aber du musst DICH lieben. Stell dir vor, du gehst nun einen Weg, der dafür gedacht ist, DICH glücklich zu machen. Nichts weiter. Nichts weiter, meine große Seele. Denn das bist du. Eine große Seele, strahlend in ihrem Kern, leuchtend in ihrem Sein. Auch wenn du es oft nicht erkennen kannst.

In Liebe,
Hilarion

BIN ICH ZUFRIEDEN?

Bin ich schön? (Sananda)

Schau dich an. Schau in den Spiegel. Was siehst du? Du bist nicht zufrieden? Schau es dir an. Was ist es? Und dann freunde dich an mit diesem deinem Körper. Mit allem, was dazugehört. Denn du bist wunderschön!

Ich höre dich, wie du sofort einen Einwurf wagst. Wie oft habe ich gehört, dass du zwar irgendwie zufrieden bist mit dem, was du an Körperlichkeit hast, aber „das" ist nicht schön, mit diesem bin ich nicht glücklich, das könnte anders sein.

Überlege dir einmal, wie du Schönheit definierst. Was ist Schönheit? Was bedeutet „Ich bin schön"? Und sofort werden Bilder in deinen Kopf gleiten, die dir wunderschöne junge Frauen zeigen, mit perfektem Körper, mit Maßen, die die Modewelt vorgibt, mit dem, was der Mensch definiert hat, was geeignet wäre, um „perfekt" zu sein.

Weißt du eigentlich, wie viele du tatsächlich in genau DEINEM Umfeld hast, die nach außen diesem perfekten Schönheitsideal entsprechen, innen jedoch zutiefst unglücklich sind? Es sind viele. Und gehört das Glücklichsein nicht zur Schönheit dazu? Ist es nicht so, dass wahre Schönheit dieses Leuchten von innen braucht?

Du weißt es. Du weißt es ganz genau. Du fühlst es. Und doch stolperst du immer wieder genau über diesen einen Punkt. Bin ich schön? Ja, das bist du. Das sage ich, Sananda.

Du bist schön, weil du Gottes Kind bist. Du bist schön, weil du DICH lebst. Du bist schön, weil du als die Seele, die du bist, bereit bist, diesen deinen Weg zu gehen. Du bist schön, weil du im Innersten deines Seins dein Leuchten trägst, dein Strahlen, von Gott begleitet zu sein.

Dass du selbst dafür verantwortlich bist, aus diesem „Schönsein" ein „Wunderschön" zu machen, auch das weißt du. Denn es beinhaltet, dass das Strahlen und Leuchten, diese Liebe, nach außen dringt. Dass jeder empfindet, der Raum würde sich erhellen, wenn DU ihn betrittst. Das ist DEINE Aufgabe. Das ist es, was DU lernen möchtest.

Wie auch immer du es drehst und wendest: Du bist schön. Glaubst du wirklich, der Vater schaut und entscheidet, wer von seinen geliebten Menschen auf der Erde schön ist und wer nicht? Nein. Für ihn sind alle schön, alle reich, alle liebenswert. Nichts weiter. Er sieht dich in Liebe.

Und Liebe ist immer schön. Liebe ist wundervoll, und vor allen Dingen: wunderschön.

Sananda

Bin ich glücklich? (Sananda)

Du weißt selbst, diese Frage kann niemand außer dir beantworten. Und dafür bedarf es deiner absoluten Ehrlichkeit dir selbst gegenüber.

Um diese Frage für dich beantworten zu können, musst du als Erstes alles aus deinem Denken entfernen, was andere Leute für ein glückliches Leben definiert haben. Dazu gehören Dinge wie Geld, Verheiratetsein, nette Kinder zu haben, ein Haus, ein Grundstück zu besitzen, ein großes Auto, alles abbezahlt zu haben usw. Ich bitte dich, dieses nicht sofort mit dem Argument von dir zu weisen „So bin ich nicht". Überprüfe es. Denn nur DU kannst es ehrlich überprüfen.

FÜHLE diese Frage, die du an dich selbst richtest: BIN ICH GLÜCKLICH? Und dann wirst du auch die Antwort „hören". Sie ist in dir. Sie ist dir so nahe, dass du sie schon kennst, sie aber vielleicht bis jetzt nicht hören wolltest.

Betrachte, was dir fehlt, wonach du dich sehnst. Was ist es, was du gerne anders haben möchtest in deinem Leben? Ist es wichtig? Ist es eine Kleinigkeit? Hast du es als „klein" eingestuft, damit es nicht wehtut, oder ist es wirklich eine Kleinigkeit, die nur oberflächlich deinem Glücklichsein im Weg steht? Müsstest du etwas ändern in deinem Leben, müsstest du eine Entscheidung treffen? Und in wieweit würde diese Entscheidung wehtun?

Glücklichsein ist ebenso Arbeit wie alles andere. Denn Glücklichsein heißt ja, du bist ausgewogen, zufrieden. Zufriedensein ist das Ergebnis aus allem, was du lebst. Die Summe all dessen, was du tust, was du denkst, wie man mit dir umgeht, wie du mit anderen umgehst, was du wünschst, das sich erfüllt. Hast du dich für das Glücklichsein entschieden, wirst du nicht umhin kommen, das zu leben, was du zu leben wünschst. Es geht nicht anders. Aber missverstehe es nicht. Es gibt genügend Dinge, die zu tun sind, die man nicht selbst wählen würde, wie zum Beispiel, ein krankes Kind zu pflegen. Und doch kann ich – in mir– Glück empfinden, in dem Wissen, ich bin geführt, ich bin Liebe, es hat alles seine Ordnung, auch wenn ich es nicht verstehe.

Freude ist ein Stein des Glücklichseins. Genauso ist es aber auch ein Synonym für Glücklichsein. Und umgekehrt ist das Glücklichsein ein Stein der Freude. Wahre Lebensfreude wirst du also niemals leben können, wenn du dich nicht um dein Glücklichsein kümmerst.

Sananda

Die kindliche Freude in mir (Blue Star)

Hallo, meine Liebe, ich bin Blue Star. Meine Aufgabe ist es, dir die Freude zu vermitteln, jene, die ein Kind in sich trägt. Jedes Kind hat Freude in sich. Jedes Kind kennt den Spaß, rumzutoben, Purzelbäume zu schlagen, zu juchzen, zu schreien und zu kichern. Hier den Baum hinaufklettern, dort auf dem Hosenboden herunterrutschen. Da eine Pfütze bauen und dort mit den Füßen hineinspringen. Das ist pures Erforschen der Welt, und es ist Freude. Kindliche Freude. Wo ist sie bei dir geblieben?

Du bist oft vernünftig und vermutlich auch praktisch, pragmatisch. Das muss ich tun, und jenes muss noch getan werden. Hierhin muss ich noch, und das muss ich erledigen. Und abends bin ich erschöpft.

Gönne dir auch mal wieder, eine Pfütze zu bauen, Matsch zu machen. Zieh dir Gummistiefel an und hüpfe in deiner Pfütze herum. Kleider lassen sich doch waschen, oder?

Wenn du im Schwimmbad oder im See baden gehst, dann stell dich hinein und haue mit den flachen Händen aufs Wasser. Mach Wellen. Spritze herum. Entdecke den Spaß darin, die Freude.

Du findest das kindisch? Dann hole dir in Er-

innerung, was dir als kleines Kind Freude berei-
tet hat. Was hast du gerne getan? Wann konntest
du lachend und kreischend den Nachmittag ge-
nießen? Versuch es doch einfach. Jetzt. Jetzt, wo
du „alt" bist.

Du bist nicht „alt"? Na dann. Probiere es aus.
Sei Kind.

Vielleicht fällt es dir ja leichter, wenn du
selbst Kinder hast. Dann spiel doch mit. Oder
schlage ihnen vor, heute zusammen eine Pfütze
zu bauen. Du brauchst Wasser, einen Eimer oder
eine Gießkanne und den geeigneten Platz. Aber
den findest du bestimmt.

Sei doch einfach wieder Kind. Nicht kindisch. Nicht kindlich. Sondern einfach Freude.
Und niemand hat das Recht, dir, der Dreißigjäh-
ren, der Vierzigjährigen, der Fünfzigjährigen, …
das Pfützebauen zu verbieten.

Ich freue mich darauf, und ich verspreche
dir: Wenn es losgeht, ich bin dabei.

Blue Star

BIN ICH SELBSTBEWUSST?

Wie kleide ich mich?
(Hermes Trismegistos)

Geliebte Frau, selbstverständlich steht es dir frei, dich zu kleiden, wie du möchtest. Du bist jedoch eingebunden in eine Gesellschaft, die vermutlich versucht, dich zu schulen, wie du dich kleiden solltest. Doch selbst hier hast du einen Spielraum, der dir vielleicht noch gar nicht wirklich bewusst geworden ist.

Grundsätzlich gibt es verschiedenste Arten, sich zu kleiden. Du kannst lässig, bequem oder pragmatisch gekleidet sein. Du kannst aber auch sehr damenhaft nach außen treten. Du kannst dich lasziv oder verführerisch kleiden. Du kannst so aussehen, dass jeder merkt, du hast Geld. Oder das Gegenteil: Du zeigst mit deiner Kleidung, dass du von Geld nicht viel hältst. Du kannst dich indisch kleiden, asiatisch. Du kannst den Eindruck erwecken, du wärst ein Guru. Oder du zeigst anderen mit deiner Kleidung, dass du „wichtig" bist, mit edlen Anzügen und der natürlich passenden Frisur.

Du kannst dich extrem dem Modediktat anpassen und stets neue Kleidung tragen. Oder aber du arbeitest mit Basiselementen, die du immer wieder neu kombinierst.

Du siehst, es gibt unendlich viele Möglichkeiten, dich nach außen zu zeigen. Denn nichts anderes ist die Aufgabe deiner Kleidung, die dich nebenbei natürlich auch wärmt und schützt.

Was also wählst du für dich? Schau es dir an!

Und ich bitte dich, schaue dich jetzt, in diesem Moment, einmal ehrlich an. Wie kleidest du dich? Was zeigst du nach außen? Was stellst du dar? Du wirst feststellen, dass du mit deiner Kleidung eine ganz bestimmte Rolle einnimmst.

Du wirst mir sagen: „Ich trage diese Kleidung, weil es für mich so bequem ist, ich fühle mich wohl so". Ja, mag sein. Aber dahinter steckt noch etwas anderes. Das sollst du dir betrachten. Denn du bist nicht einfach ein Mensch auf Erden, der das Nächstbeste nimmt und sich damit vor der Kälte schützt. Vielmehr wählst du bewusst. Warum also? Was möchtest du darstellen?

Ich möchte dein Augenmerk darauf lenken, dass das alte Sprichwort „Kleider machen Leute" keineswegs hinfällig ist. Es trifft genauso auf dich zu. Selbst wenn du wählen solltest, als sogenannter „Hippie" oder auch als „Skinhead" herumzulaufen, gilt dieses Sprichwort.

„Kleider machen Leute" bedeutet nichts anderes als „Ich zeige, wer ich bin". Was auch immer du für dich wählst, sei dir dessen bewusst, dass es wichtig ist, bewusst zu wählen. Greife nicht einfach in den Schrank und ziehe das Nächstbeste heraus, weil du heute zu faul bist. Nein. Wähle bewusst.

Jede Farbe hat ihren Wert, ihre Frequenz, ihre Ausstrahlung. Jedes Material ebenso. Jeder Schnitt verändert deine Aura genauso wie jedes sonstige Detail. Wir reden hier nicht nur über den optischen Eindruck oder die oben erwähnte „Zugehörigkeit" zu einer Gruppe. Wir reden hier darüber, dass sich deine Frequenz ändert, je nachdem, wie du dich kleidest. Oft ist sie minimal, diese Veränderung, aber gravierend.

Kennst du die Momente, in denen du dich nicht wohlfühlst, so, wie du dich gekleidet hast? Und anders, herum, in denen du sagst: DAS ist es. So fühle ich mich wie ICH.

Da wir aber beim Thema Selbstbewusstsein sind, möchte ich dich noch gerne auf den wichtigsten Punkt überhaupt aufmerksam machen. Wenn du es geschafft hast, tatsächlich dir deiner selbst bewusst zu sein, wenn du also aufrecht und zentriert durch diese Welt gehst und genau weißt, wer du bist, ist es möglich, dass du – was auch immer du gerade an Kleidung trägst – dich selbst zeigen kannst. Ohne Wenn und Aber. Du also strahlst, egal, was du heute trägst. DU bist DU. Und DU bleibst DU. Was auch immer du angezogen hast.

Erst wenn du gelernt hast, dich selbst zu leben, mit all deinem Wissen, dir stets und immer deiner selbst bewusst zu sein, dann erst kannst du steuern, dass Kleidung dich nicht mehr so sehr aus deiner ureigenen Frequenz, die du gerade lebst, zu heben. Vielmehr ist es unerheblich geworden, welche Farbe, welche Faser, welches Material, welcher Schnitt es ist. Denn du leuchtest, du strahlst, du bist du.

Hermes Trismegistos

Kleide ich mich passend?
(Hermes Trismegistos)

Ja, sicher wirst du das tun. Selbst wenn du dir erarbeitet hast, strahlend und schön und auch selbstbewusst durch diese deine Welt zu gehen, wirst du wählen müssen/dürfen, was für diesen oder jenen Anlass das Passende ist.

Versuche jedoch immer, DICH zu zeigen. Nimm niemals mit Hilfe deiner Kleidung eine Rolle ein, die du nicht erfüllen kannst. Kleide dich dem Anlass gemäß. Das heißt, dich passend zu kleiden, zum Beispiel, wenn du auf einen Empfang eingeladen bist. Und doch hast du Spielraum. Du kannst immer noch mit Farbe, Schnitt, Form, Material, Schmuck, Beiwerk usw. spielen. Aber du bewegst dich mit deiner Auswahl in einem bestimmten Rahmen. Es ist nichts Falsches daran, wie vielleicht viele glauben. Warum? Weil du dich unter Menschen bewegst, die normalerweise auf das Äußere achten, die Wert darauf legen, was und wie ein anderer Mensch sich zeigt. Du erleichterst dir deine Arbeit, dein Tun, dein „Dich zeigen". So hast du immer Spielraum, sei es auf einer Messe als Ausstellerin, auf einem Ball, auf einer Cocktailparty, auf einem Treffen mit Freunden, im Urlaub, oder wo auch immer. DU wählst.

Der Mensch ist schauend. Damit meine ich, er legt sehr viel Wert darauf, was er sieht. Er liebt das Optische, er schätzt es, wenn seine Augen verwöhnt werden. Das menschliche Gehirn liebt Reize, die über das Auge kommen. So gönne den Menschen jenen Reiz, wenn sie ihn denn so schätzen. Zeige dich strahlend in deiner Kleidung!

Wenn dich deine Kleidung unterstützen kann, dass andere Menschen dein Leuchten eher oder leichter wahrnehmen können, warum nicht? Warum nicht, frage ich dich? Es ist nichts Schlechtes daran. Wir sprechen hier nicht von Manipulation. Nein. Wir sprechen davon, dass du dich so zeigen sollst, wie du bist.

Hermes Trismegistos

Ich will mich so aber nicht kleiden
(Hermes Trismegistos)

Du willst etwas Bestimmtes nicht anziehen? Du willst keine Dame sein? Sich schick anzuziehen ist für dich ein Graus? Hohe Schuhe verabscheust du? Warum sollte ich, sagst du?

Schau dir an, warum du solltest. Nicht weil du es müsstest, obwohl du zu solchen Kreisen keinen Kontakt hast oder aber es in deinem Umfeld keine Notwendigkeit ist. Darum geht es nicht.

Fühle einfach. Schau dich mit offenen Augen an. Und finde heraus, warum dir zum Beispiel „Ich bin eine Dame" so viel Grauen verursacht.

Wenn du spielerisch damit umzugehen lernst, wenn du also nur für dich übst, bestimmte Kleidung zu tragen, und sie mit Freude zu tragen, knackst du zugleich alte Muster, alte Dogmen, alte Ängste.

Du weißt, es ist ein Weg von vielen. Aber es ist eine Möglichkeit. Anstatt also die Angst zu suchen und mit ihr vorrangig zu arbeiten, wählst du den Weg der Kleidung, um dieser Angst zart und angemessenen Schrittes näherzukommen. Probiere es aus.

Was auch immer du ablehnst, wenn du die Möglichkeit hast, probiere es aus. Spaziere in dieser Kleidung durch die Stadt und beobachte, wie du dich fühlst. Schau dir an, welche Empfindungen sich bei dir zeigen. Wie fühlst du dich? Fühlst du die Blicke der anderen Menschen? Oder merkst du, dass sie gar nicht schauen, sondern es vielmehr nur um dich geht, darum, was in dir passiert?

Probiere es aus, egal, ob es um „die Dame" geht, um das „Schlampige" oder was auch immer. DU wirst wissen, welches dein Thema ist. DU wirst es wissen.

Hermes Trismegistos

Stolz (Sananda)

Geliebte Seele, jetzt sind wir bei einem Thema, auf das du deine Aufmerksamkeit besonders richten solltest. Denn Stolz ist verführerisch. Auch ich sage oft: „Ich bin stolz auf dich", wenn ich es für angebracht finde. Metatron sagt es, alle seine Engel sagen es, alle aus dieser Geistigen Hierarchie sagen es zu dir, wenn es denn angebracht ist. Aber es ist niemals so gedacht, dass du besser wärst als andere. Niemals, hörst du? Wenn ich sage: „Ich bin stolz auf dich", meine ich damit, dass ich mit Freude betrachte, was du geleistet hast, wie du also meisterlich ein Thema, das dich beschäftigte, bearbeitet hast, dir erarbeitet hast, es zum Verstehen bringen konntest. Ich freue mich für dich.

In diesem Sinne ist es auch für dich angebracht, stolz auf dich zu sein. Erkenne an, was du geleistet hast. Erkenne an, dass du wieder einmal einen Schritt weiter auf deinem Weg gehen konntest – in Liebe.

Stolz, der Arroganz in sich trägt, ist unangebracht. Und doch ist es oft so. Dieses „Ich bin besser", „Ich habe es schneller begriffen", ja, sogar „Ich werde diesen Weg bis zur Meisterschaft schneller gehen als …".

Was ist das für eine Sichtweise? Sie ist absolut unangebracht. Denn hier rutschst du unweigerlich in den Hochmut. Ich erinnere dich daran, dass absolutes Vertrauen beinhaltet, einfach wissend darüber zu sein, dass alles seinen rechten Weg geht, dass alles die Zeit braucht, die es braucht, dass alles Verstehen dir in der für dich angebrachten Geschwindigkeit zukommen wird. Du definierst für dich: Ich gehe.

Auf sich stolz zu sein ist durchaus wichtig, wenn es Zeiten sind, in denen du dein Selbstbewusstsein noch zu schulen hast, dein ICH BIN also noch so verinnerlichen musst, dass es dir leichtfällt, es zu leben. Dieses „Ich bin stolz auf mich" muss man erst einmal lernen. Denn viele Frauen können es nicht. Vielmehr neigen sie dazu, immer das zu sehen, was sie nicht imstande waren zu leisten. Also beginne damit, stolz auf dich zu sein, wenn du etwas geleistet hast. Und bleibe in dem Wissen, dass es im Grunde doch nichts weiter bedeutet als: „Ich freue mich".

Gott zum Gruße.
Sananda

MEIN BEDÜRFNIS NACH ACHTUNG

Respektvoller Umgang (Metatron)

Ja, das ist es, wonach du dich sehnst. Stimmts? Du möchtest, dass man dir Respekt entgegenbringt, sei es im Beruf, im Freundeskreis, in der Verwandtschaft, aber auch in deiner Partnerschaft. Und so oft kommst du an den Punkt, an dem du feststellst, dass dem nicht so ist. Was ist denn eigentlich „respektvoller Umgang"?

Mit Respekt ist gemeint, dass ich jeden so achte, wie er ist. Jeder kann, darf und soll so leben, wie er es für sich selbst wählt. Du möchtest das, und alle anderen möchten es auch. Alle jedoch kommen aus verschiedenen Welten. Das heißt nichts anderes, als dass jeder aus einer anderen Familie, einer anderen Erziehung, anderen Begebenheiten, Erfahrungen usw. seinen Jetzt-Moment speist. Und dieser Jetzt-Moment ist entscheidend dafür, was er tut, denkt, wie er handelt, reagiert. Zudem vergiss niemals, dass Menschen von ihren Ängsten und Dogmen gespeist sind.

Wie oft sehe ich, dass zum Beispiel eine Frau sich unglaublich danach sehnt, dass man nett zu ihr ist, sie anlächelt, ihr höflich einen Guten Morgen wünscht oder sie fragt, wie es ihr geht. Aber gleichzeitig sehe ich, dass genau diese Frau nie als Erste einen anderen Menschen anlächelt, sie andere niemals fragen würde, wie es ihnen geht. Sie wartet darauf, dass ein anderer den ersten Schritt tut. Würde sie angelächelt werden, selbstverständlich würde sie zurücklächeln!

Aber, meine Lieben, so funktioniert das nicht. Denn du kannst immer nur DICH ändern, niemals die anderen Menschen. Fang also DU an, die Erste zu sein, die lächelt. Beginne DU damit, einen Guten Morgen zu wünschen. Sei DU die Erste, die ihr Gegenüber berührt und Anteil nimmt. Denn das, was du aussendest, kommt zu dir zurück. Erinnerst du dich?

Es ist nicht leicht, diesen ersten Schritt zu tun. Aber wie du weißt, ist noch kein Meister vom Himmel gefallen. Das Meistersein muss man sich erarbeiten. Also beginne mit dem ersten Schritt, und dann prüfe, was sich in deinem Leben ändert. Denn andere Menschen werden mit dir in Resonanz gehen. Sie werden reagieren. Sie werden es dir gleichtun.

Von Herzen und in Liebe, geliebte Frauen, euer Metatron

Was ist Achtsamkeit? (Metatron)

Schau dir die Menschen an. Wer auch immer es ist, du schaust mit dem Herzen.

Zuerst wird dein Gehirn befriedigt, indem es wahrnimmt, was dir deine Sinne vermitteln. Du siehst. Du hörst. Du registrierst Gesten, Gesichtszüge, Kleidung, Gehabe. Du empfindest vielleicht Sympathie oder bist geneigt, einen Menschen leicht oder stark abzulehnen. Vielleicht ist es eine Mischung aus Sympathie, die ein großes „Aber" enthält. Also „eigentlich" ist mir dieser Mensch sympathisch, aber…

Was auch immer du empfindest, ob du nun ablehnst oder nicht, schau dahinter. Und dieses Dahinterschauen kannst du nur mit dem Herzen. Nur wenn du das tust, bist du fähig, achtsam zu sein.

Achtsamkeit kommt aus dem Herzen. Achtsamkeit ist nicht der antrainierte, höfliche Umgang mit anderen Menschen, sondern vielmehr der respektvolle, geboren aus Liebe.

Aus Liebe heraus, aus Zentriertheit heraus anderen Menschen zu begegnen bedeutet, ihnen zuzugestehen, genau das zu tun, was sie tun. Selbst wenn es etwas ist, das du selbst niemals tun würdest. Selbst wenn es etwas ist, wobei

du erkennen kannst, dass dieser Mensch mani-
puliert, andere missachtet, intrigiert, unhöflich,
selbstlos ist usw. Denn du erkennst das Göttliche
in diesem Menschen. Du achtest dieses Göttliche
in diesem Menschen. Du verneigst dich vor diesem Göttlichem in diesem Menschen. Und du
achtest den freien Willen dieses Menschen, der
genauso ein Geschenk des Vaters an ihn ist, wie
er auch dir dieses Geschenk vermachte.

Achtsamkeit zu leben ist nicht leicht, denn es
bedeutet: Du bist Liebe. Du lebst Liebe. Du lässt
dich nicht herausbringen aus deiner Liebe. Du
bist es, und du bleibst es, was auch immer geschieht. Das ist gelebte Achtsamkeit.

Gott zum Gruße,
Metatron

MEIN WEG

Ich gehe MEINEN Weg (Hilarion)

„Ich gehe meinen Weg" ist eine Entscheidung, die nicht so leicht umzusetzen ist. Es bedeutet vermutlich, dass du dich ändern wirst. Denn wenn du vorab viele dieser Rollen, die der Mensch dir zugedacht hast, gelebt hast, aus dem Bedürfnis heraus, nicht auffallen zu wollen, genügen zu wollen, geliebt zu werden, wirst du nun an einen Punkt gebracht, der dieses Bedürfnis als nicht mehr wichtig einstufen wird.

Allein deine Entscheidung, ab jetzt deinen Weg zu gehen, bedeutet, dass du auf DEIN Herz hören wirst. Es bedeutet, dass DU entscheidest, niemand sonst. Es bedeutet, dass DU diejenige bist, die bestimmen wird, was dir guttut, wobei du dich wohlfühlst, was dich aufbaut und was nicht.

Wie oft hast du andere bestimmen lassen, was für dich gut ist? Wie oft hast du anderen geglaubt, wenn sie dir angetragen haben, was du zu tun hast, damit es gut ist, richtig ist? Weil man sich so eben benimmt, weil es hier eben solche Regeln gibt, weil man das eben so erwartet, weil du eben genauso niemanden beleidigst, niemandem wehtust.

„Ich gehe meinen Weg" ist eine Entscheidung, die tief in dir gefällt werden muss. Das Hirn alleine genügt nicht, um solch einen Prozess in Gang zu setzen. Das Denken alleine ist nicht Motor genug. Du musst es im Innersten in seiner ganzen Komplexität zu hundert Prozent wollen.

Wir sind jetzt an einem Punkt angelangt, an dem es sehr schwer werden wird. Warum? Weil es bedeutet, dass du Protest ernten wirst. Du möchtest anders handeln, anders sein. Warum sollten alle in deinem Umfeld damit einverstanden sein, zum Beispiel deine Freundin, wenn sie dir ihre leidvolle Partnergeschichte zum wiederholten Mal erzählen möchte, du aber entschieden hast, dass der Tag voll genug war und du jetzt eine heiße Badewanne brauchst? Verstehst du?

DU entscheidest. DU bestimmst. Dein Herz wird dir sagen, was für DICH richtig ist. Du kannst es lernen, und du wirst es lernen. Vielleicht nicht heute, vielleicht nicht morgen, aber du wirst es leben. Es geht gar nicht anders. Denn jeder wird diesen Weg des Aufstiegs gehen. Auch du.

Hilarion

Egoismus (Abraham)

Ich bin Abraham. Vielleicht wundert ihr euch, aber ich wurde ausgewählt, weil ich diese Vaterrolle in einer Weise ausgefüllt habe, wie selten jemand anderes es tat. Ich hatte viele Kinder, leibliche und angenommene, und habe mich immer um Kinder gekümmert und gesorgt. Mein Anliegen war es, sie glücklich zu sehen, ihnen Selbstständigkeit mit auf den Weg zu geben. Vor allen Dingen aber, sie Natürlichkeit und Ehrlichkeit zu lehren, sodass sie fähig wurden, in bedingungsloser Liebe dem Vater UND sich selbst und der Welt gegenüber zu empfinden und zu leben.

Wir wollen heute über Egoismus sprechen. Und natürlich gehört hierzu auch das Thema „Kinder". Denn sie sind zeitweise unglaublich egoistisch auf ihrem Weg des Lernens, des Wachsens, des „Großwerdens". Es gehört dazu, dass ein Kind auslotet, einfordert, auch mal die Regeln übertritt und unmissverständlich einfordert, was es zu haben wünscht. Sozusagen der pure Egoismus.

Wie du als Frau, als Mutter damit umgehen kannst, wird an anderer Stelle noch ausführlicher beschrieben. In diesem Kapitel widmen wir uns, wie gesagt, dem Thema „Egoismus".

Wir gehen also davon aus, dass ein Kind Egoismus lebt, um begreifen zu können. Es lernt viel dabei. Es lernt die Reaktionen der Menschen kennen, sei es von anderen Kindern oder von Erwachsenen. Es lernt, zu bekommen oder abgelehnt zu werden. Dadurch lernt es Wut kennen, Mitleid oder Sorge als Folge seines Verhaltens. Es lernt einzuordnen, was geschieht, wenn es egoistisch ist. Ziel ist natürlich, später als nicht egoistischer Mensch durch dieses Leben zu gehen.

Wie also geht das, wenn ich doch zugleich auf mein Herz hören soll, also das tun möchte, was ICH will. Es geht. Weil du immer noch deinen freien Willen hast. Du kannst entscheiden und selbstverständlich auch Kompromisse eingehen, wenn du es für richtig empfindest.

Du bist ja keine Marionette, die sich dem eigenen Dogma unterwirft, das da heißt: „Ich gehe über Leichen, weil ich nun einmal entschieden habe, dass ich bestimme."

Wenn du wirklich für dich definiert hast, für dich bestimmen zu wollen, also auf dein Herz zu hören, dann wirst du sehr schnell feststellen, dass es nicht schwierig ist. Denn dein Herz zeigt dir auch hier Wege auf, die sich geschmeidig einfügen. Lass dich einfach ein auf diesen Weg. Erst dann wirst du ihn kennenlernen. Erst dann wirst du wissen, wo der Unterschied ist zwischen Egoismus und dem „Ich bleibe konsequent auf meinem Weg".

Hab keine Angst davor. Tue es einfach. Versuche es. Höre zu, was dein Herz sagt.

Abraham
(Sananda – die Christus-Energie – inkarnierte in verschiedensten Formen, unter anderem als Jesus Christus, Thoth, Hermes Trismegistos und auch Abraham)

Das „JA" und das „NEIN" (Metatron)

Es gehört zu den schwersten Dingen, die es zu lernen gibt auf dieser Erde: „NEIN" zu sagen. Und somit natürlich auch das zum passenden Moment gesprochene „JA".

Nicht nur dir erscheint es unglaublich schwierig, dieses Ja und Nein auszusprechen. Es ist auch schwierig. Denn es bedeutet, dass du ganz klar Position beziehst. Du drückst damit unmissverständlich aus, was du möchtest. Und viele Menschen in deinem Umfeld sind das nicht gewöhnt, es erscheint ihnen vielleicht sogar als unhöflich. Vor allem das Nein ruft immer wieder sogar Aggressionen hervor, die oft den Zweck haben, dich von deinem Nein wieder abzubringen. Dass du also „klein" beigibst und zugleich deinem Gegenüber versicherst, es nicht so gemeint zu haben.

Versuche, dich in kleinen Dingen zu üben. Im JA genauso wie im NEIN. Denn auch das Ja ist oft schwer auszusprechen.

Magst du gerne die Spitzen des Spargels? Tatsächlich würdest du sie am liebsten sofort alle auf einmal essen, weil du sie so sehr liebst. Sagen tust du aber: „Nein, ist schon okay. Iss du sie." Hier kannst du üben. Sag: „JA, ich will sie". Und du wirst feststellen, dass sogar bei diesem kleinen Thema dein Gegenüber dich vielleicht als unhöflich empfindet, weil du diese Spargelspitzen für dich in Anspruch nimmst.

Finde also heraus, wie dein NEIN ankommt, wie die Menschen reagieren. Und steigere dich. Versuche das auszudrücken, was DU möchtest.

Wirst du gefragt, ob du lieber zu Hause bleiben möchtest, wo ihr doch auf ein Fest eingeladen seid, dann sag dein JA, wenn dir danach zumute ist. Sprich es aus! Denn nur so kannst du den Weg zu deinem Glücklichsein finden. Kompromisse sind dann angebracht, wenn man zum Beispiel als Paar oder in einer Gruppe agiert. Aber das Leben besteht nicht nur daraus. Es muss, soll und darf auch die Momente geben, in denen du das ausdrückst, was du wünschst. In diesem Sinne wünsche ICH dir Freude auf diesem deinem Weg, der nicht leicht zu gehen ist. Aber du wirst ihn gehen. Weil du ihn in Liebe gehen wirst. Und somit ist es gar nicht mehr so schwer.

Metatron

Härte und Klarheit – in Liebe (Metatron)

Das Schwierigste ist wohl, sich dessen bewusst zu werden, dass ein Leben in bedingungsloser Liebe auch bedeutet, manches Mal Worte hart und klar auszusprechen.

Du kommst nicht ohne sie aus, meine Liebe. Es geht nicht anders. Wenn du an kleine Kinder denkst, weißt du sofort, was damit gemeint ist. Kinder brauchen Regeln, neigen aber dazu, austesten zu wollen, wo die Grenzen sind, wo DEINE Grenzen sind. Und es liegt an dir, sie ihnen klar zu vermitteln. Du hast zu bestimmen, wann „Schluss" ist. Du hast ihnen zu vermitteln, dass sie vielleicht einen Moment warten müssen, bis du dein Gespräch beendet hast. Du sagst ihnen, wann sie ins Haus kommen sollen, weil nun Essenszeit ist. Und natürlich vieles mehr. Oft bist du auch in einer Situation, in der du klar und deutlich aussprechen musst, dass es so nicht geht, sondern bestimmte Regeln gelten. Deine Schulung dabei liegt darin, dass du dieses in Ruhe tust und nicht wartest, bis du wütend oder sogar zornig bist, also nicht den Zeitpunkt abwartest, an dem lange Aufgestautes sich den Weg nach außen bahnt. Wähle einen Moment, in dem du zentriert bist und in bedingungsloser Liebe stehst. Dann kannst du klar vermitteln, was du vermitteln möchtest.

Auch anderen Menschen, zum Beispiel deinem Lebensgefährten, deinen Freunden oder auch der Familie gegenüber, gilt es immer mal wieder etwas zu vermitteln, etwas klarzustellen, Themen, die du ansprechen oder aussprechen musst.

Auch hier gilt der Grundsatz: Achte auf deine Zentrierung, deine Stabilität, deine Ausgewogenheit. Und übe dich darin, in Ruhe zu sprechen. Denn klare Worte – in Liebe gesprochen – können durchaus harte Worte sein, aber dennoch sind sie in Liebe gesprochen. Dass dein Gegenüber dir das nicht abnimmt, sondern dir vielmehr unterstellt, du wärst nicht in deiner Liebe, kann dir passieren. Denn wenn die andere Person noch nicht erlebt hat, dass es funktionieren kann, in Liebe klare Worte zu sprechen, sondern für sich die Erfahrung gemacht hat, klare und harte Worte bedeuten immer Wut, wird sie auch bei dir automatisch davon ausgehen, dass in deinen Worten Wut mitschwingt.

Lass dich nicht abbringen von DEINEM Weg. Übe dich darin, klar zu sein. Nicht immer hart, aber klar. So lehrst du dich selbst und wirst mehr und mehr wissend sein, welche Facetten dieses Leben der bedingungslosen Liebe in sich trägt.

Gott zum Gruße und in Liebe,
Metatron

Reden oder Schweigen? (Metatron)

Betrachte dich selbst. Wozu neigst du? Redest du viel oder wenig? Redest du schnell? Plapperst du immer gleich drauflos? Neigst du dazu, sofort zu sprechen, ohne vorher darüber nachzudenken, was du sagen möchtest? Oder fällt es dir schwer, auf den Punkt zu kommen? Andererseits … sprichst du zu wenig? Bist du diejenige, die immer am wenigsten sagt? Liebst du das Schweigen und neigst dazu, lieber andere sprechen zu lassen? Betrachte dich. Und schon weißt du, was DU zu lernen hast.

Du weißt, Schweigen ist wertvoll. Schweigen zu können ist wichtig. Aber unterschätze niemals, dass Sprechen genauso wertvoll und wichtig ist. Auch hier ist die Ausgewogenheit das richtige Maß. Im rechten Moment schweigen, im rechten Moment sprechen.

Du musst dich darin schulen, zu sprechen, das auszusprechen, was gesagt werden sollte, wenn du grundsätzlich lieber zum Schweigen neigst. Und du, die du so gerne sprichst, musst dich darin schulen, langsamer zu werden, in Ruhe zu sprechen, und natürlich darin, zu erkennen, wann du schweigen kannst.

Du weißt, es gibt Menschen, die fantastisch

schweigen können. Man kann ihnen Geheimnisse anvertrauen, und es ist klar, dass das Geheimnis von Schweigen umhüllt ist, es also niemals preisgegeben wird. Das musst du zum Beispiel beherrschen, wenn du selbst heilend, behandelnd oder zuhörend tätig bist. Es muss klar sein, dass das, was zwischen dir und deinem Klienten geschah, niemals an die Öffentlichkeit gelangen darf. Auch nicht zu deiner Familie und zu Menschen, bei denen du glaubst, sie würden diese betreffende Person sowieso nicht kennen. Du musst auch während der Behandlung wissend sein, wo du Themen aussprechen kannst oder sollst, und wo du auch hier lieber das Schweigen wählst.

Schweigen oder sprechen, diese Entscheidung ist oft nicht leicht. Aber wenn du dich führen lässt, auf deine Intuition hörst, dein Herz mitsprechen lässt bei dieser Entscheidung, dann wirst du es wissen. Deine Aufgabe ist es, das, was du vernimmst, das also, was dein Herz dir rät, auch zu tun. Selbst wenn es dem entgegensteht, wie du bis jetzt gehandelt hast. Versuche es, und es wird dir gelingen.

Metatron

Das Pendel (Metatron)

Geliebte Seele, die du als Frau inkarniert hast. Wissen über das Pendel zu haben, ist von großem Vorteil. Denn du kannst damit verstehen, wie dein weiterer Weg verlaufen wird, wenn du in der Situation bist, dass du in deinem Tun, in deiner Sprache, in deinem Ausdruck etwas verändern möchtest.

Stell dir ein Pendel vor, oben an einem Punkt gehalten, unten schwingend von rechts nach links. Wenn du dir nun ein Thema herausgreifst aus deinem Leben, zum Beispiel, dass du nicht fähig bist, das auszudrücken, was du dir denkst, dann bedeutet das in dem Bild deines Pendels, dass du es zum Beispiel an der linken Seite fixiert hast. Dein Pendel schwingt also nicht, es befindet sich auch nicht in der Mitte, der Ausgewogenheit, sondern hängt fest auf der linken Seite.

Solltest du nun beschließen, ab sofort das auszusprechen, was du noch niemals ausgesprochen hast, du also anderen Menschen ein „Nein" geben möchtest oder „Lass mich bitte in Ruhe" oder „Ich möchte heute Abend nicht", musst du dafür die Entscheidung treffen, dein Pendel an der Stelle, an der es fixiert ist, zu lösen. Es soll also ab sofort frei sein.

Ein Pendel aber, das ich an der linken Seite loslasse, das also nun frei ist, wird herunterschwingen und ... weil es nun mal ein Pendel ist ... erst einmal auf die andere Seite schwingen. Erst dann schwingt es wieder zurück. Es schwingt hin und her, mit immer weniger Ausschlag. Und erst nach einer ganzen Weile des Hin- und Herschwingens wird der Ausschlag weniger und kann so in der Mitte „landen". Für dich bedeutet das: Stell dich darauf ein, dass dein erstes Mal „Sprechen" laut sein könnte, vielleicht „hart" oder sogar „aggressiv". Du hast so lange festgehalten, dass das Loslassen einer kleinen Explosion gleichen kann. Worte, die lange nicht ausgesprochen wurden, bahnen sich nun den Weg nach draußen, mit einer Gewalt, die dich vielleicht erschrecken lässt. Es kann passieren, muss aber nicht.

Aber lass dich nicht abbringen von deinem Plan. Schau dir das Pendel an, und du wirst verstehen, was mit dir passiert. Und sei auch hier liebevoll mit dir selbst. Du kannst – wenn wir bei unserem Beispiel bleiben – immer noch im Nachhinein ein klärendes Gespräch führen, in dem du dich für die Heftigkeit deiner Worte entschuldigst, jedoch klarstellst, dass du inhaltlich sehr wohl das gemeint hast, was du ausgesprochen hast.

Es erfordert Mut. Es bedarf deiner Liebe. Aber in dem Wissen, dass du bei jedem deiner Lernschritte geführt bist, wirst du auch das meistern. Ich vertraue auf dich.

Metatron

Der Spiegel (Metatron)

Du weißt, dass das, was dir begegnet, dir spiegelt, was du bei dir selbst betrachten, wo du selbst noch etwas an dir bearbeiten kannst. Du weißt, dass die Menschen in deinem engeren Umfeld dir zeigen, was DU noch zu lernen hast.

Sei also aufmerksam, aber sei auch so liebevoll mit dir, dass du erkennen kannst, was dich nicht betrifft. Es ist nicht zielführend, zu jeder Sekunde darüber nachzudenken, was die Menschen in deinem Umfeld dir wohl alles zu zeigen haben, was du an dir noch zu finden hast und entdecken musst. Öffne dich für diese Sichtweise, und du wirst von selbst erkennen und verstehen. Wenn du definierst, dass du dich ehrlich betrachten möchtest, werden dir niemals dein Stolz und dein Ego im Weg stehen, die da vielleicht sagen: „Niemals bin ich so wie diese Person."

Wie oft zeigt dir jemand etwas in ausgesprochen grober Weise, zum Beispiel Aggression in Höchstform. Und du weißt, dass du niemals so aufbrausend bist. Trotzdem aber kannst du dich betrachten. Und vielleicht findest du die Aggression so leise und versteckt, dass sie dir bis gerade eben noch nicht einmal aufgefallen war. Denn hast du zum Beispiel vor langer Zeit beschlossen, niemals mehr Aggression leben zu wollen, kann es sein, dass du sie nur „verpackt", ein Depot angelegt, sie versteckt hast. Und oft ist ein Versteck so genial gut erdacht, dass selbst der Erbauer, in dem Fall DU, es nicht mehr wahrnehmen kann. Das sind die besten Verstecke, aber auch genau diejenigen, die am schwersten zu erkennen sind.

Wenn du dich für alles öffnest, was noch sein „könnte", für alles, was es noch zu entdecken geben „könnte", für alles, was noch versteckt sein „könnte", dann bist du bereit. Dann manifestierst du für dich nicht den Ausschluss, etwas finden zu können. Und so kannst du wachsen, verstehen, deine Frequenz anheben. Nach und nach. Schritt für Schritt.

Metatron

MACHT

Auch du bist Macht! (Maria)

Geliebte Frau hier auf Erden. Ich, Maria, wurde für diesen Text ausgewählt, weil ich dir normalerweise nicht als jene in Erinnerung komme, die für Macht zuständig ist. Siehst du hier deine Denkweise, deine Bewertung, selbst für uns Wesen in der Geistigen Welt? Jeder von uns hier lebt Macht. Jeder von uns hier ist Macht.

Macht bedeutet nichts anderes, als dass du DICH lebst. Mit allem, was dich ausmacht. Denn wenn du bedingungslos liebst, wenn du bedingungslose Liebe lebst, bist du Macht. Es geht gar nicht anders.

Macht bedeutet nicht, machtvoll Macht zu missbrauchen. Macht an sich bedeutet: Sei DU. Nicht ist in deinem Sein stärker. Nichts ist in deinem Leben machtvoller. Wenn DU in deiner ganzen Größe stehst, bist du Macht.

Du siehst, ich rede nicht von den Dingen, die du normalerweise unter dem Wort Macht einordnen würdest. Denn dein Denken von Macht beinhaltet so gut wie immer den Missbrauch. Der Chef, der seine Mitarbeiter nicht gut behandelt, missbraucht seine Machtstellung. Der Vater, der sein Kind misshandelt, missbraucht seine Macht. Die Person, die gerne laut und aggressiv einfordert oder auch jemanden damit einschüchtert, missbraucht ihre Macht. Es gibt Hunderte, Tausende Beispiele. Und es ist unnötig, sie alle aufzuzählen, denn sie sind dir bekannt.

Ich aber rede nicht von Missbrauch. Ich rede von Macht ohne Missbrauch.

Macht ist da. Immer.

Selbst wenn du zaghaft bist in deinem Leben, wenn du dich schwertust, dich als das zu leben, was du bist, bist du trotzdem Macht. Denke an eine kleine Regel, die du aufstellst, wenn du Mutter bist, wie zum Beispiel, dass dein Kind zu einer bestimmten Zeit ins Bett gehen muss. Oder dein Baby hat Hunger, und du entscheidest, ob es jetzt oder später zu essen bekommt. Du benutzt deine Position als Mutter und setzt deine Macht ein. Und du siehst an diesem Beispiel, dass es viele Situationen gibt, in denen du genau das tun musst. Es gibt kein Leben, in dem du niemals Macht leben würdest. Selbst in Situationen, die dir unausweichlich erscheinen, kannst du innerhalb deiner dir gegebenen Möglichkeiten deine Macht leben. Stell dir vor, du bist noch klein, und dein Vater straft dich mit einem Stock. Er schlägt dich auf den Po. (Bitte, liebe Leserinnen, dieses Beispiel ist nicht so abwegig, wie ihr vielleicht denken mögt. Viele haben genau dieses oder Ähnliches erlebt.) Dein Vater schlägt dich also. Und du entscheidest, keinen einzigen Laut von dir zu geben, keine Miene zu verziehen, so zu tun, als mache es dir nichts aus. Auch das ist ein Einsetzen deiner Macht. Selbst wenn es ein stiller Machtkampf ist … auch so kannst du „gewinnen".

Macht zu leben heißt nicht, zuzuhauen. Macht zu leben heißt: Lebe das, was du kannst, in deiner Größe, deinem Wissen entsprechend. Sei DU.

In Liebe,
Maria

Der General in dir (Ashtar Sheran)

Gott zum Gruße, geliebte Seele, inkarniert im Körper einer Frau. Bekanntermaßen hat jede Seele ihre männlichen und weiblichen Anteile. Die Energie des Kriegers wird üblicherweise den männlichen Energien zugeordnet. Sie ist aber weit mehr als nur der kämpfende Aspekt einer Seele. Jede Frau, die auf der Erde inkarniert ist, hat in sich viele Anteile, die sie benutzt, um ihr Umfeld zu strukturieren. Das Strukturieren dieses Umfelds lässt sich sehr gut mit der Struktur in der Einheit einer Armee oder der in der gesamten Armee vergleichen. In vielen von euch Menschen sind zu bestimmten Worten oder Begriffen auch gleich die passenden Bilder abgespeichert, wobei, wenn man etwas genauer hinschaut, sich sehr leicht feststellen lässt, dass diese Bilder nicht immer passend sind. Wenn du als normale Durchschnittsfrau die Begriffe General, Krieger und Armee liest, denkst du wahrscheinlich sofort an Panzer, Bombe, Waffe, Kampf. Diese Begriffe sind aber nur ein kleiner Teil einer gut funktionierenden Armee. Zu einer Armee gehört die Organisation von Behausung, Nahrung, Treibstoff, Krankenstation, Fuhrpark, Kommandostrukturen (Arbeitstrukturen), die Organisation von Krankenbetreuung, Betreuung von alten Kameraden, Betreiben einer Infrastruktur (Straßenwesen, Müllentsorgung, Telefon usw.).

Wenn du dir die Begriffe anschaust, die ich dir jetzt angeboten habe, stellst du fest, all das gehört in den Aufgabenbereich einer Frau, so, wie es sich durchaus mit bekannten Bildern von dir deckt. Eine der Hauptaufgaben der Frauen auf der Erde ist die Organisation der Familie. Und wenn du jetzt an eine große Familie denkst, mit sagen wir fünf Kindern, Großeltern und möglicherweise schon Enkelkindern – diese Familienverbünde sind auf der Erde noch weit verbreitet –, verändert sich dein Blickwinkel in Bezug auf diese Begriffe. Die Frau organisiert die Arbeitsverteilung, zum Beispiel Müllentsorgung, Wäsche aufhängen, Rasen mähen, einkaufen, Hausaufgabenbetreuung, Freizeitgestaltung, und Beaufsichtigung/Ausbildung der jüngeren Familienmitglieder. Wenn du als Mutter einer solchen Großfamilie den Ablauf einer Woche oder eines Monats planst, entwirfst du einen „Schlachtplan". Du siehst, dieses Wort ist dir gar nicht so ungeläufig. Du setzt die Macht deiner Position ein, um Abläufe zu planen, zu organisieren, festzulegen, die notwendig sind, damit das Unternehmen Familie möglichst reibungslos läuft.

Und am Ende, wenn alle deine Kinder so groß sind, dass sie das Haus (deine Einheit) verlassen können, lebenstüchtig sind, von dir gut ausgebildet, in Allgemeinwissen und sozialer Kompetenz, stellst du fest: Die Schlacht ist gewonnen.

Du siehst, Machtausübung bedeutet den liebevollen Einsatz von Kraft. Machtausübung bedeutet, andere Menschen, Familienmitglieder, Mitarbeiter, Untergebene in Liebe anzuleiten, ihnen Aufgaben zu übertragen, die korrekte Abwicklung dieser Aufgaben zu überwachen und nötigenfalls mit in Liebe verhängten Sanktionen dafür Sorge zu tragen, dass die aufgetragenen Arbeiten erledigt werden, und zwar korrekt, sauber und in Liebe, damit das Ganze gelingen kann. Ein General wird also nicht oft zu Unrecht als „Mutter der Kompanie" bezeichnet oder, anders herum: Eine Frau, die klar und präzise ihre Anweisungen gibt, damit das Unternehmen Familie erfolgreich bestehen kann, wird oft als „General" bezeichnet.

Wenn du als Frau also mit den Begriffen Armee, General und Macht in Berührung kommst, liegt es an dir, aus dem Blickwinkel der neutralen Liebe heraus diese Begriffe zu betrachten, zu bewerten und zu benutzen, und nicht automatisch davon auszugehen, dass von Kampf und Töten die Rede ist. Und auch das wirst du als Frau verstehen: Es gibt manchmal Situationen, in denen du auch als Frau entscheiden musst, ob du zum äußersten Mittel greifst und tötest, um deine Familie zu schützen. Auch da gibt es einen gängigen Begriff: „Sie kämpft wie eine Löwin." Und jeder versteht sofort, was damit gemeint ist. Denn eine Löwenmutter kämpft bis zum eigenen Tod, um ihre Jungen zu verteidigen.

Gott zum Gruße,
Ashtar Sheran

WIE?

Das annehmen, was geschieht (Metatron)

Geliebte Frauen, geliebte Menschen, die ihr als Frauen inkarniert habt. Warum fällt es euch manchmal so schwer, das anzunehmen, was geschieht? Um euch herum geschehen immer „schreckliche" Dinge. Sie sind in euren Augen schrecklich, weil ihr sie bewertet. Aber vor allen Dingen sind sie schrecklich, weil ihr sie vielleicht noch nicht versteht.

Es gibt so unendlich viele Verknüpfungen, so viele Bereiche, die ihr euch im Laufe der Zeit ins Verstehen bringen müsst, dass es gar nicht möglich ist, sofort und gleich ALLES verstehen zu können.

Euer System ist so ausgerichtet, dass es nach und nach Geschehenes integrieren kann. Es ist so angelegt, dass Verstehen sich langsam ausbreiten kann in euch.

Ihr seid nicht nur Gehirn, das wisst ihr. Wenn ich sage, dass es sich in euch ausbreiten muss, dann spreche ich von eurem Gesamten. Ihr seid mehr als nur dieser Körper, der denken kann, in dem also das Gehirn etwas begreifen muss. Ihr seid ein unendlich komplexes System. Und jedes kleinste Detail an dieser Komplexität muss eine neue Information so aufgenommen haben, dass Verstehen integriert wurde. Erst dann ist das Thema bearbeitet, verstanden, aufgenommen und kann gelebt werden.

Niemals genügt es, etwas nur von der Logik her zu wissen. Es geht immer darum, es so einfließen zu lassen, dass es zur Grundlage eures Lebens wird, selbst wenn es um den Tod eines geliebten Menschen geht. Auch das ist im Grunde nichts anderes. Es muss bearbeitet, verarbeitet, verstanden, integriert, gelebt werden.

Es ist nicht leicht, und niemand wird euch sagen, dieser Weg sei leicht. Und doch seid ihr alle bereit, ihn zu gehen, seid ihr bereit zu lernen. Warum? Weil es euch nach Hause zieht, dorthin, wo ihr fähig seid, all das zu leben, was das Göttliche ausmacht, nämlich Liebe. Bedingungslose Liebe, so, wie Gott sie repräsentiert. Einem jeden Geschehen gegenüber, einem jeden Mensch gegenüber, jeder noch so „schrecklichen" Geschichte gegenüber.

Und ihr werdet die Liebe, das Göttliche in euch, leben. Das ist das Ziel. Und … ihr werdet es schaffen. Ich weiß es. Und ich verspreche es euch. Jede von euch wird es schaffen.

Hadert also nicht mit euch, wenn es euch heute noch nicht gelingt, wenn ihr immer wieder einmal stolpert. Denn was bedeutet es, wenn ihr euch selbst als gestolpert wahrnehmt? Es bedeutet doch nichts anderes, als dass ihr erkennt, was ihr gerade lebt. Und das ist doch das Entscheidende!

Denn ins Verstehen kommen kann ich doch nur, wenn ich vorab erkannt habe.

Sei also froh, dich selbst zu betrachten, wenn du wahrnimmst, dass du gestolpert bist. Denn es zeigt dir, dass du dich selbst wahrhaftig betrachtest und ehrlich mit dir auf diesem deinem Weg voranschreitest. Sei liebevoll mit dir. Sei liebevoll.

Metatron

Demut (Metatron)

Du möchtest wissen, wie man Demut lebt? Es ist eines der schwersten Themen für euch Menschen, weil es zu begreifen gilt, wie ihr lebt − geführt und dennoch nach eurem freien Willen. Immer wieder stolpert ihr über genau diese Themen, die ihr glaubt, nicht miteinander vereinbaren zu können: Demut und freier Wille.

Gott gab dir dieses Geschenk mit in deine Inkarnation − dss Geschenk des freien Willens. Das bedeutet: DU entscheidest. Du kannst entscheiden, du sollst entscheiden, ja, du musst sogar entscheiden. Weil DU der Mittelpunkt DEINES Universums bist. Du sollst deine Größe leben, deine Kraft, deine Liebe. Du sollst dich leben, mit allem, was dich ausmacht.

Zugleich bist du eins mit allem, du erinnerst dich? Du bist nicht nur du. Du bist das Gesamte an sich. Du bist nicht nur Teil des Gesamten, sondern du bist das Gesamte. Denn in Wahrheit ist es so, als wärst du verschmolzen mit allem, mit jedem Stein, mit jeder Pflanze, mit Allem-was-ist. Es ist ein Paradoxon: Du bist du. Und zugleich bist du alles.

Wenn du dir das vor Augen hältst, kann es sein, dass du dich − je nachdem, was du gerade betrachtest – unglaublich groß fühlst oder aber unglaublich klein. Dieses „Ich fühle mich klein wie ein Sandkorn" ist entstanden, weil du als Mensch innerhalb deiner menschlichen Schranken versuchst, das Göttliche, dieses Große Ganze, zu begreifen. Du versuchst, es zu fühlen. Du versuchst, dieses „Ich bin Teil davon" beziehungsweise dieses „Alles ist eins" greifen zu wollen. Da du es aber mit deinem Verstand versuchst, hat es zur Folge, dass du dich auf einmal sehr klein fühlst, denn natürlich ist das Ausmaß des Gesamten enorm, denn es ist die Unendlichkeit.

Ich – verschmolzen mit der Unendlichkeit. Ich – verschmolzen mit der Gesamtheit der göttlichen Liebe? JA. Das bist du.

Demut heißt, genau dieses anzuerkennen. Demut bedeutet, dass du dir dessen in deiner Gesamtheit bewusst bist. Nicht dein Hirn allein weiß davon, weil du es gehört oder gelesen hast und es für deine Vorstellung von der Welt absolut logisch und stimmig ist. Sondern du bist wissend, weil du es empfinden kannst. Du bist wissend, weil du dir erarbeitet hast, dass dein gesamtes Sein es fühlen kann. Du fühlst es mit dem Bauch, mit deinem Atem, mit deinen Zehen. Du fühlst, dass du es bist, in jeder einzelnen Zelle deines feststofflichen Körpers. Du bist wissend.

Wenn du das greifen kannst, wenn du das empfinden kannst – nicht nur mit deinem Gehirn weißt, sondern es als gegeben nehmen kannst –, wenn du es also als Grundlage deines Lebens empfinden kannst, dann weißt du, was Demut ist.

Demut bedeutet:

Ich neige mein Haupt vor Gott, und zugleich weiß ich um meine Größe. Ich neige mein Haupt vor der Liebe, und zugleich bin ich Liebe. Ich neige mein Haupt vor jenen, die mich führen, und zugleich führe ich mich auf meinem Weg. Ich neige mein Haupt vor dem Leben, und zugleich lebe ich in Liebe. Ich neige mein Haupt vor den Widrigkeiten des Seins, und zugleich weiß ich, wer ich bin.

Niemals mehr wirst du hadern, wenn du fähig bist, in Demut durch diese Welt zu gehen. Niemals mehr wirst du verzweifelt sein, denn du verstehst. Demut lässt dich den Kopf neigen vor dieser Größe, und zugleich lässt es dich aufrecht stehen. Denn Gott, der Vater, wollte dich in deiner ganzen Größe. Niemals wollte er dich klein. Denn er liebt dich.

Neige dein Haupt in dem Wissen, dass du geführt bist. Und entscheide DU, was du tun möchtest. Neige dein Haupt in dem Wissen, dass

Gott immer und überall bei dir ist, dich niemals verlassen wird, dir immer Hilfe gewähren wird, und zugleich steh auf und sei präsent.

Wähle deinen Weg. Entscheide. Manifestiere. Nutze deinen freien Willen. Zu jeder Sekunde – in dem Wissen, dass du begleitet bist, geführt, geliebt. Und lebe so ... Demut.

Gott zum Gruße,
Metatron

Die Liebe (Metatron)

Geliebte Seele, die du als Frau inkarniert hast. Ich erinnere dich mit Freuden daran, was du immer schon wolltest, was du immer schon leben wolltest, wie du immer schon sein wolltest:

Ich erinnere dich an die Liebe.

Liebe bedeutet, sich frei zu fühlen. Liebe ist Kraft. Liebe ist das Leben. Liebe ist das Verstehen. Liebe ist, ein „großes Herz" zu haben. Liebe ist Umarmen. Liebe ist Größe. Liebe ist Anmut. Liebe ist Freisein.

Gehe hinaus und fühle dich frei. Gehe hinaus, lebe dein Leben und fühle dich frei dabei. Lebe dein Leben in Liebe, sodass du in Liebe schauen, sprechen, atmen und leben kannst.

Fühle dich frei und sei frei. Das ist mein Wunsch.

Amen.

Metatron

Nachwort von Birgit Maria Niedner

Auf Wunsch von Metatron bin ich es nun, die sozusagen „das letzte Wort" in diesem Buch hat. Und ich kann nur sagen: Glaube an dich. Glaube daran, dass du es recht machst. Glaube daran, dass du deinen Weg gehst.

Der Wunsch zu wissen, was ist denn nun eigentlich MEINE Lebensaufgabe, ist weit verbreitet. Und oft lebt ein Mensch das, was vorgesehen ist, schon längst und sucht noch immer. Diese sogenannte Lebensaufgabe ist sehr oft gänzlich anders gelagert wie die weit verbreitete Vorstellung davon. Denn es kann sein, dass du zum Beispiel nur lernen wolltest, deine Wut zu meistern, oder aber du hast dir vorgenommen, das Frausein zu erlernen, nichts weiter. Kein großes Projekt, nichts, wo du im Speziellen hingehen solltest oder was du im Beruflichen umsetzen müsstest. Nein. Sinn und Zweck einer Inkarnation ist das Lernen – dir und deinem Wissenstand entsprechend. Und auf dieser Grundlage bestimmt sich auch dein Weg des Wachsens.

Mein Rat am Schluss dieses Buches heißt also: Hör auf zu suchen, sondern sei einfach.

Sei Liebe. In deinem Alltag, in deinem Leben, Tag und Nacht. Bei der Arbeit, zu Hause, bei deinen Eltern, bei deinen Freunden, im Verein, wo auch immer du bist, sei DU. Und du wirst – wenn es für dich der rechte Moment ist – an den Punkt gelangen, an dem du wissend bist darüber, worum es in deinem Leben geht, was DEIN Wunsch war, hier auf der Erde zu lernen, was also DEIN LEBENSZWECK hier auf Erden ist.

In diesem Sinne wünsche ich dir das Allerbeste für deinen Weg.

In Liebe
Birgit Maria Niedner

Birgit Maria und Peter Niedner
Das Buch der bedingungslosen Liebe
336 Seiten, A5, gebunden, mit Leseband
ISBN 978-3-941363-03-8

„Wir reden nicht über die Liebe zwischen Mann und Frau. Nicht über die Liebe, die zwei Menschen sich begehren lässt. Wir reden über weitaus mehr. Wir reden über Gott. Wir reden darüber, wie man Gott in sein Leben integriert, wie man ihn lebt." (Metatron)

Und wie dieses im Alltag ganz praktisch geschehen kann, bringen uns Metatron und Jesus in liebevollen und doch sehr eindringlichen Worten nahe:
„Und sollten dir Menschen begegnen, die nicht freundlich sind, dann lass dich nicht aus deiner Ruhe bringen, sondern wisse, auch sie sind Kinder Gottes, auch sie haben dieses leuchtende Licht in ihrem Herzen und aus bestimmten Gründen in diesem Moment gewählt, es nicht nach außen zu tragen, es nicht leben zu wollen… Aber du bist wissend. Und so schenke ihnen DEIN Leuchten."

Birgit Maria & Peter Niedner
Gesetze des Alls
680 Seiten, A 5, gebunden, mit Leseband
ISBN 978-3-938489-55-0

Im Auftrag und mit ständiger Führung durch die Geistige Welt entstand dieses Buch über die Universellen Gesetze. Drei Jahre arbeiteten die Autoren, um dieses Werk in die Manifestation zu bringen, da es ein großes Anliegen der Geistigen Welt war, Wissen unter uns Menschen zu bringen und das Wissen der Gesetze, die all überall Gültigkeit haben, in unseren Köpfen zu verankern, wir sozusagen die Möglichkeit erhalten, dieses allumfassende Wissen zu integrieren und es zu leben. Zu diesen Gesetzen gehören u.a. Gesetz von Ursache und Wirkung, Gesetz der Polarität, Gesetz der Anziehung.
Die Aufgestiegenen Meister Jesus Sananda, St. Germain, Serapis Bey, Hilarion u.a. sowie die Erzengel Michael und Metatron ziehen durch die Art ihrer Sprache den Leser von Anfang an in ihren Bann.

Christiane Zen
Wenn Gott liebt
Offenbarungen der Neuen Zeit
272 Seiten, A5, gebunden, mit Leseband
ISBN 978-3-941363-68-7

Wir alle wollen glücklich sein, und viele von uns lassen nichts unversucht, das Leben zu führen, das sie sich vorgestellt haben.
Um neue Wege zu gehen, ist es unerlässlich, das in die Welt zu tragen, was Gott uns allen geschenkt hat: SEINE Liebe!
WENN GOTT LIEBT baut eine Brücke, über die wir gehen können. Und während wir über diese Brücke gehen, erkennen wir, dass wir uns selbst verändern und die Welt bewegen können. Wir erkennen die fundamentale Wahrheit: Wir sind Wesen, die von Gott ermächtigt sind, ihr Glück zu erschaffen und sich selbst zu heilen.
Mit vielen Fallbeispielen aus der beruflichen Tätigkeit der Autorin als Heilpraktikerin (Psychotherapie).

Daivika
Verschmelzung im Klang der Stille
Metatron, Sananda, Lady Nada ...
104 Seiten, A5, broschiert
ISBN 978-3-941363-55-7

METATRON segnet uns mit vereinter göttlicher Kraft mit der all-einen Liebe.
NATHANAEL ermöglicht uns durch den Sonnenzauber den Fluss reiner Liebe und das Loslassen körperlicher Blockaden. LADY NADA, ROWENA, KUTHUMI und ERZENGEL MICHAEL öffnen mit dem Schlüssel unserer eigenen Schwingung den Eintritt in höhere Dimensionen, während MARIA MAGDALENA uns im reinen Glanz unserer Seele erstrahlen lässt.
Auf dem weiteren Weg begegnen wir SANANDA, dessen Liebe uns wie ein Kuss der Sonne streift.
Abschließend treffen wir auf BEETHOVEN, der gemeinsam mit den Kindern der Erde die Komposition eines neuen Zeitalters schreibt und die Stimme unseres Herzens mit dem universellen Klang, dem ewigen Lied der Schöpfung, verschmelzen lässt.

Ulrike KOLLER & Raimund STIX
DIE 12 SIEGEL
Die Meisterbriefe aus Atlantis
Ca. 264 Seiten, Großformat, broschiert, vierfarbig
ISBN 978-3-941363-67-0

Die 12 Siegel, ein Heilwissen aus Atlantis, Lemurien und den drei Weisen aus Zion, ermöglichen dir, das Licht in dir zu erkennen und dich von deinen Schatten zu befreien.

Das Paket, bestehend aus den heilenden 12 Symbolen mit ihren dazugehörig hochschwingenden Mantren und dem übermittelten Wissen, bietet ein komplettes Programm mit praktischen Anregungen, Übungen und Meditationsvorschlägen zur Befreiung von Blockaden deiner Seele, deines Körpers und deines Geistes, damit du endlich selbstbestimmt deinen Seelenpfad beschreiten kannst.

Beginne jetzt, „dein Leben" nach deinen Wünschen, Träumen und Zielen zu lieben, zu leben und zu lachen, denn du bist der Schöpfer deines Lebens!

Marion Jaud
Vom Kopf zum Herzen
Wegbegleitung in das neue Bewusstsein
208Seiten, A5, broschiert
ISBN 978-3-941363-66-3

Die wichtigste Reiseroute in unserem Leben sind die wenigen Zentimeter vom Kopf zum Herzen. Nur sie führen uns an unser Ziel, den Sinn unseres Lebens. Dort erwarten uns unbeschreibliche Lebensfreude, wirkliches Glück und innerer Reichtum.

Es wird die spannendste und aufregendste Reise in unserem Leben: die zu unserem „SELBST"!

Praxisnah und für jeden Suchenden verständlich gibt uns die Geistige Welt eine Reisebeschreibung an die Hand und hilft uns dabei, die Hindernisse auf unserer Reise der Erkenntnis aus dem Weg zu räumen und die Wunden unserer Seele mit Liebe zu heilen.

Unsere Seele freut sich darauf, mit uns in diesem Neubau zu feiern. Also, machen wir uns auf den Weg... Mit vielen praktischen Übungen.